THE ULTIMATE COPYWRITING BIBLE

All-In-One Guide for Marketing Strategists

伝説の名著3部作が1冊に凝縮！
国内成功100事例付き

最強のコピー
ライティングバイブル

神田昌典 ［監修・解説］
横田伊佐男 ［著］

ダイヤモンド社

監修者・解説者はじめに──神田昌典
戦略としての
コピーライティング

3か月が、3年間。

本書の著者・横田伊佐男氏から、

コピーライティングの本を執筆すると聞いたとき、

彼の実力と豊富な経験からすれば、あっという間──まぁ、かかっても3か月ほどで、原稿があがってくると考えていた。

しかし、その後は、なしのつぶて。

半年たっても、1年たっても、音沙汰ない。

その間、私は、本音を明かすと……、

ふっふっふっ、ほくそ笑んでいた。

なぜなら同業者であり、私の手強いライバル──横田氏は、ついに執筆に挫折したと、確信したからであった。

しかし3年後の、2016年2月某日。

突風のごとく、この280ページにもわたる原稿、しかも具体例満載の原稿が、重たい宅配便で届けられたのだ。

私は、プリンターから出力されたばかりの、まだ熱が残っている原稿

をめくり始めた。

　そして1ページ目に目を走らせたとたん、
　ガッツーンと激烈な肘鉄を喰らわされた。

　熱いと思ったのは、原稿の紙自体ではなく、
　その紙の上に載った、言葉の群れだったのである。

「こっ、これは……」とため息を漏らしながら、
　夢中になり、私は一気に最後まで読み終えた。

「くやしいが──、認めざるをえない」という言葉が、頭の中で響いた。

「これは、歴史に残る書だ」と。

　そもそも本書の執筆は、ドン・キホーテでなければ取り組むことができないほど困難だったはずだ。
　ベースとなったのは、ここ100年の急激な時代の変化を乗り越えても、いまなお読み継がれている、次の3冊。

●84年前（1932年）に書かれた『ザ・コピーライティング』（ジョン・ケープルズ著）
●79年前（1937年）に書かれた『伝説のコピーライティング実践バイブル』（ロバート・コリアー著）
●41年前（1975年）に書かれた『ザ・マーケティング【基本篇】』『ザ・マーケティング【実践篇】』（ボブ・ストーン＋ロン・ジェイコブス著）

　これらの本は、マーケッターにとってみれば、もはや伝説。
「神々によって記された書」と言っても過言ではない。

だから、某編集者が、「この伝説の名著３部作・計４冊を１冊に」などという頭がイカれた提案を横田氏にしたと聞いた私は、皮肉たっぷりに、その行方を見守っていたのだった。

　なぜなら、その依頼は、喩えてみれば、「『論語』『孟子』『老子』『荘子』を超訳して１冊にまとめろ！」というようなもので、まぁ編集者の常識が疑われるような難題だったからだ。

　しかし、イカれた編集者に、イカれたマーケッターが立ち向かったのだった。

　その結果──、

"歴史に残る日本発の名著"が完成してしまった……。

　スティーブ・ジョブズが言うように、「クレイジーな人たちが世界を変える」というのは、本当だったのだ。

　著者の横田伊佐男氏は、すぐれたコピーライターであるが、彼の才能はコピーライターにとどまるものではない。
　彼の本質は「**経営戦略**」にあり、その戦略家が事業の成長に必須となるビジネスパーソンの文章力を強化するために手がけたのが、本書『最強のコピーライティングバイブル』だ。

　一般的なビジネスパーソンにとって、経営戦略とコピーライティングとは結びつかないコンセプトかもしれない。

　しかし、このかけ離れた２つの概念を結び合わせると、企業規模にかかわらず、次なる成長ステージを実現するためのものすごい突破口となる。

監修者・解説者はじめに

3

言葉は、商品を売れるように変えながら、組織自体も売れるように変えていく「強力な変革力」を持つのである。

どのように言葉の力で、組織を変えるのか？
そのプロセスを、ざっと説明してみよう。

●広告としてではなく、戦略としてのコピーライティング

2015年、私は、ある上場企業から「業界トップになるためのマーケティング戦略を企画してほしい」というコンサルティング依頼をいただいた。

私に期待されていたのは、詰まるところ、セールスコピーと広告戦略だったのかもしれない。

こういった売上を上げるコピーをつくるのは私の生業だから、難しい作業ではない。
しかし、どんなに効果的な言葉を生み出したところで、社内がバラバラで、部門間に大きな溝が横たわっていれば、新しい施策の実行は進まず、結果は出ない。

一時的には顧客が集められるけれど、期待する品質を届ける体制が整わなければかえって失望が大きくなり、社員、そして顧客から不信感を買ってしまう。
すぐれたコピーは売上を上げるきっかけになるのは真実だが、それだけでは企業の持続的成長が実現しないのは当然だ。

そこで、コピーライティングを、成果を挙げる言葉を生み出す作業としてではなく、**組織変革のプロセス**として捉え直すと、これはとてつも

ない大変革を起こし始める。

　実際に、1万人の社員を擁するクライアント企業は、半年後、組織が大変革。結束力が一気に高まり、挑戦的な中期経営計画を掲げ、轟音を立てながら加速し始めた。

　組織を生まれ変わらせる言葉の力を初めて体験したのは、私が30代の頃——米国ワールプール社に勤めていたときだ。

　同社は、年商2兆円超、社員数約10万人の世界最大の白物家電メーカーである。

　私が在籍していた1990年半ばにグローバル展開を本格化。
　その後、低い収益力に悩んでいた巨大企業は、徹底してイノベーションを経営戦略の中核に据え、5年後には高収益企業として生まれ変わった。

　このプロセス[1]は、最も成功したイノベーション戦略の事例として、ハーバード大学のMBAのケーススタディにも何度となく取り上げられた。

　ワールプール社では、経営トップが新しい経営方針を決め、それを表現する新しい言葉が生み出されたとき、その言葉が社内の共通言語になるよう、組織への浸透を徹底して行った。

　トップ自ら重要性を語る映像が、全世界で配信される。小冊子が翻訳され、全世界に配られる。新しい言葉を業績評価と連動する。
　伝道するメンター社員が1000人単位で育成され、全世界で研修を始める。
　さらには、あたかもハリウッド映画を模したポスターが配られ、言葉が持続的に浸透していく場づくりも一気に行っていったのである。

1 このプロセスは、未邦訳だが、下記の書籍『イノベーションを解き放て！　いかにワールプール社は、業界を変革したか？——持続的なイノベーションを組織に根づかせる方法』に詳細にまとめられている。"UNLEASHING INNOVATION – HOW WHIRLPOOL TRANSFORMED AN INDUSTRY" BY NANCY TENNANT SNYDER AND DEBORAH L. DUARTE

監修者・解説者はじめに

その結果、私が目撃したのは、経営トップが生み出した言葉の力により、みるみる企業が変革していくプロセスだった。

彼らが絶妙なのは、トップダウンと同時にボトムアップで変革を推し進めることである。

経営トップの言葉と現場の言葉をつなぎ合わせ、会社が未来へ向かうストーリーづくりを行う「場」を設けるのだ。

対話を通じて、会社が未来に向かうストーリーが浸透すると、社員は自分が向かうべき新しいストーリーを見出す。

すると今度は、会社と自分が向かうストーリーの中で、自分たちの商品を表現する新しい言葉を見出す。

このように会社と自分、自分と商品を重ね合わせる言葉（コピー）を見出す「対話の場」そのものに会社の次なるステージの突破口があり、その結果として、持続的に売上が上がるようになるのだ。

私は、これを広告としてのコピーライティングではなく、「戦略としてのコピーライティング」と呼んでいる。

●あなたと顧客との共同作業による 新しい社会創造

こうして生み出されたコピーは、社員1人ひとりの体験を反映しているために、彼らの人生や生き甲斐そのものを表現するものとなる。

だから社員は熱を持って、商品開発ストーリーを顧客に伝えるし、商品を手にした顧客は、そのストーリーに巻き込まれる。

結果、社員と顧客とが未来に向かう共同作業が始まり、新しい社会が創造されていくことになるのだ。

「はじめに言葉ありき」というように、言葉は、社会創造の源泉なのだ。

　だから、言葉を扱うのは、本来、重たい作業なわけだが、現実には、多くの会社で、その言葉がひどく軽んじられている。
　言葉を生み出すプロセスが端折られ、どんどんアウトソーシングされてしまっているのだ。

　言葉とは創造の源なのだから、言葉を生み出すプロセスが、会社から捨てられたとき、会社からは創造性が枯渇してしまう。

　そこで、商品を売るためのコピーライティングを技術としてだけではなく、**経営戦略として実践していくための指南書が必要**なのだが、それを誰でも使えるようにしてしまったのが、本書である。

　ひと言で言えば、本書は、**戦略家が社会を動かす言葉を生み出すときに手に取るべき参考書**である。

　売れるコピーを生み出すための戦略から実務まで、本来だったら学ぶために膨大な時間が必要な知識と知恵が、見事にわかりやすくまとめられている。

　面白く、さくさくと読めるにもかかわらず、内容に軽さはない。
　なぜなら、その背景には横田氏の、言葉が世界を救うと信じてやまない気迫が感じ取れるからだ。

　今後30年、70年、100年と読み継がれ、歴史に刻まれる価値がある書であると、私は信じる。

　言葉の力で、新しい世界を創造しようとする経営者、マーケッター、

ビジネスパーソン、そして教師、政治家をはじめとした、すべての戦略家の机上に、ぜひとも置いて、とことん活用していただきたい本である。

ライバルよ、よく3年間、がんばった。
見事な仕事に、乾杯！

神田昌典

著者はじめに
——伝説の名著3部作を"ALL IN ONE"！
あなたも10倍速で売れるコピーが書ける！

「なぜ、売れるコピーが書けないのか？」

　パソコン、スマートフォン、そしてSNSの発達により、文章を書く機会は格段に増えた。

　コピーライターでなくてもコピーを書く時代、いや書けなければいけない時代だ。

　しかし、「コピーが書ける」と「売れるコピーが書ける」はまったく違う。別物だ。

　「売れるコピー」、つまり「結果を出すコピー」は、読み手である顧客に購買行動を起こさせなければならない。

　本書の読者は、「売れるコピーをスラスラ書きたい」を目標にするものの、いまは「売れるコピーをスラスラ書けない」方かもしれない。

　売れるコピーがスラスラ書けないのは、**3つの不在**が要因だ。

　その要因を見極め、対策をしっかりすることで、「売上が上がるコピーをスラスラ書ける」ようになる。

　では、その3要因とは何だろうか？

●要因その１：「戦略」の不在

コピーは、ペンと紙、もしくはパソコンという道具があれば書けるが、売れるためには、見えない道具が必要だ。

誰に向けて書くかというターゲティング、つまりマーケティング戦略という見えない道具が必要になってくる。

いきなりコピーを書き出す前に、まず戦略。「どう言うか（How to say）」より、「何を言うか（What to say）」という戦略が大事だ。

このようなマーケティング戦略という道具は、長い実務経験かビジネススクールで体系的に学ばないと身につかない。

しかし、いますぐ売上を上げたいのに、そんな悠長な時間は捻出できない。これが現実だ。

●要因その２：「教育」の不在

売れるコピーの書き方？

そんなの聞いたことがないし、もちろん教育なんて受けたことがない。

こんな声がほとんどだ。

そもそも検証したノウハウを他社の誰かに聞こうにも、各社 "企業秘密" として門外不出なので学びようがない。

では、コツコツと独学するしかないのか？

何を？　どうやって？　そもそも体系的法則なんてあるのか？

いや、きちんと科学的な検証を経た体系的習得法は存在する。

教育を受ける機会が不在なだけだ。

●要因その３：「検証」の不在

うまいコピーは何度も書くことで向上するが、売れるコピーライティングスキルは、ただ書くだけでは身につかない。

書いたコピーが「売れた・売れなかった」「反応が上がった・下がっ

た」という検証をして、修正し、なぜそうなったかというノウハウを蓄積することで初めて売れるコピーライティングスキルが積み上がる。

　検証なしに売れるコピーは身につかないが、このプロセスは面倒なため、ついついおざなりになりやすい。

「もし、売上倍増のノウハウを
　10倍速で学べたら……」

　売れるコピーがスラスラ書けない要因は、「戦略の不在」「教育の不在」「検証の不在」の3つの「不在」だ。

　そこで、本書では3つの「不在」を吹き飛ばすべく、**実践的エッセンスを体系的な1冊**にまとめた。

　それにより、どんな価値を届けられるのか？

　それは、上記の「もし」「〜たら」を取り除いた次のフレーズをお届けすることに尽きる。

　~~もし~~、「売上倍増のノウハウを10倍速で学べる」~~たら~~

　コピーライティングは、売上やレスポンスに対し、即効性がある。

　コピーライティングだけですぐに売上を上げる？　本当に？

　まったく信じられない方が大半だろう。

　だが、「10倍速で、売上が2倍増になった」確かな事例がある。

●キャッチコピーを変えるだけで、売上が3倍にアップ
●たった1枚のレターで、数百万円の高級車が売れる……

　ただ、これらの成果は、ほんの一例にすぎないし、事例を学ぶだけでは意味がない。それだけでは、応用展開できないからだ。

著者はじめに

11

身につけるべきは**法則**。

法則さえ身につければ"自分ゴト"に応用できる。

しかし、その法則、つまり売れるコピーライティングスキルの法則を身につけるには、奥深い戦略と長い経験を必要とする。

本書では、それに要する膨大な時間を**10分の1**に圧縮し、エッセンスだけを体系的にまとめ上げ、豊富な国内事例とともにお届けしよう。

長大な道のりを10倍速でかけぬけ、確実に成果が挙がるコピーライティングをできるようにする——これが本書の目的である。

その目的をかなえるため、他の書籍にはない特長を3つ掲げた。

●特長1) 名著"黄金のクラシックシリーズ"3部作を 1冊に"ALL IN ONE"!

メリット 読む時間を大幅短縮！ 最短最速で要点をつかめる

●特長2) 現場で使える 3ステップでラクラク体系化!

メリット 「読む→即行動→劇的な成果」の善スパイラル

●特長3) 誰でも知っている身近な「国内事例」が 満載!

メリット 国内の成功事例なので、応用展開しやすい

なぜ、他にはない3つの特長を掲げたか？

それは、読者に3つのメリットを届けるためである。

最短最速で、
善スパイラルを身につけ、
応用展開する。

　これら3つは、あなたが「売れるコピーをスラスラ書けない」のであれば、欲してやまないメリットのはずだ。

「たった1冊で4冊2000ページ超を
　モノにする！」

　10倍速で成果を挙げるために、本書では、マーケティングやコピーライティングの世界での「世界的3大名著」に範を求めた。

　世界的3大名著とは"黄金のクラシックシリーズ"3部作（以下、3部作)」である。
　この3部作には、仮説は一切なし！　マーケティングやコピーライティングにおける「成果実証済・検証結果付き名著」である。

"黄金のクラシックシリーズ"3部作とは？

　では、その3部作を紹介しよう。

◆ジョン・ケープルズ著、神田昌典監訳、齋藤慎子＋依田卓巳訳
　『ザ・コピーライティング──心の琴線にふれる言葉の法則』
◆ロバート・コリアー著、神田昌典監訳、齋藤慎子訳
　『伝説のコピーライティング実践バイブル──史上最も売れる言葉を生み出した男の成功事例269』

著者はじめに

13

◆ボブ・ストーン＋ロン・ジェイコブス著、神田昌典監訳、齋藤慎子訳『ザ・マーケティング【基本篇】──激変する環境で通用する唯一の教科書』『ザ・マーケティング【実践篇】──激変する環境で通用する唯一の教科書』

発売以来、この３部作は世界的ロングセラーであるばかりでなく、国内のマーケティング・コピーライティング書棚のロングセラー定番書になり、シリーズ累計**６万2000部**を突破。

ビジネス書の平均初版が5000部程度ということを考えると、実にその**12倍**が発行され、読み継がれている。

３部作計４冊の総ページ数が2000超、本体価格をすべて合わせると１万5600円（税抜）という"超高価格帯"を考えると驚くべきことだ。

特に、『ザ・コピーライティング』は本体価格が3200円ながら、毎年増刷がかかり、「**アマゾン上陸15年、『売れたビジネス書』50冊**」（「東洋経済オンライン」2015年11月５日）にもノミネートされた名著中の名著だ。

本書は、これら世界的３大名著を１冊にまとめた「**究極のエッセンシャル版**」である。

"ALL IN ONE"をコンセプトに３部作計４冊分のエッセンスが本書１冊で一気に身につくよう、まとめ上げている。

私は、ダイレクトマーケティングの世界で20年以上、一流大企業を中心に中小企業まで数百社超、年間3000人、のべ**２万人超**のビジネスパーソンに体系的な実践研修を行ってきた。

そのため、日頃から企業や受講者の課題点をすばやく摘出し、短時間で確実な成果へと引き上げる"超訳力"を駆使している。

本書で言う"超訳"とは、ビジネスパーソンである読者が「現場です

ぐ使える」という目的から逆算して、著者独自の言葉で極めて短くエッセンスだけを要約したものだ。

　今回、私自身のダイレクトマーケティングにおける実体験や研修経験を活かし、大胆にも3部作計2000ページ超のエッセンスのみを**10分の1**の**200ページ超**に圧縮し、**"超訳"**した。

　どうやって超訳したか？　キーワードは、「**3**」という数字にある。

- **3部作**のノウハウを1冊に"ALL IN ONE"
- 「戦略」→「キャッチコピー」→「セールスレター」の**3ステップ**で具体的方法を実例付きで体系立てた
- 重要点は、**3大ポイント**としてまとめ上げた

　"超訳"結果として、2000ページはさすがに読めない読者に、**9割を大胆カットし、成果を挙げる稀少部分（1割）のみを抜き出した。**
　だから、10分の1の薄さのハンドブックになっている。

　ただ、ページ数を薄くはしたが、中身の充実度は、3部作の本家にひけをとらない。
　とりわけ、文中で紹介する事例は、**国内事例に絞ってかなり分厚く**し、現場ですぐ使える内容に仕上げた。
　本書で紹介する**国内成功事例**は、読者が日常使用している商品や誰もが知っている企業・ブランドを用意した。
　すべては、読者がすぐにイメージでき、**"自分ゴト化"**しやすくするためである。その数、なんと**24業種100事例**だ（→272〜273ページ）。

　たとえば……
　サントリー、ソフトバンク、アウディ、日本航空、NTTドコモ、KDDI、ダイソン、キユーピー、ソニー損害保険、サッポロビール、サ

著者はじめに
15

ンスター、イオン、楽天、イエローハット、大塚家具、三井不動産商業マネジメント、カゴメ、ブレーンバンク（四谷学院）、救心製薬、再春館製薬所、山田養蜂場、アメリカンファミリー生命保険、ファーストリテイリング（ユニクロ）、ダスキン（ミスタードーナツ）、全国自治宝くじ事務協議会（年末ジャンボ宝くじ）、KADOKAWA、マイナビ、ユニセフ協会、キューサイ、ヤマハ、ハーレーダビッドソン、資生堂、健康コーポレーション（ライザップ）、セコム、ライオン、厚生労働省、JR東海、麒麟麦酒、日本放送協会（NHK）、神田昌典氏（順不同）など。

　事例のほとんどは、売上や認知度が高く、大成功しているものばかり。

　これらの事例について、法則や実績を初公開したのが本書である。

　もし、まだ「売上が上がるコピーをスラスラ書けない」ことに不安があるとしたら、そんな不安は本書を読み終える頃には一掃されていると思う。

　なぜなら、**検証済の体系的な理論と知識**がすばやく身につき、**成功企業の非公開レシピ（事例）**がラクラク手に入るからだ。

　それに、こんな秘密、知りたくないだろうか？

● なぜ、ソニー損保は「13年連続売上No. 1」なのか？
（→PART 1 で紹介）

● なぜ、ここ数年、福山雅治『龍馬伝』（2010年）の視聴率を超える大河ドラマは出てこないのか？
（→PART 2 で紹介）

● なぜ、街中でよくアウディを見かけるのか?

(→PART 3 で紹介)

答えは、これらが多くの人に支持され、売れているからだ。

その要因のひとつが、キャッチコピーであり、セールスレターである。

ただ、そんなことは、わかりきっている。

知りたいのは、**どうやって売れるコピーが書かれているのか**、という法則だ。

本書では、その法則を惜しむことなく、すべて公開した。

これらの身近な商品のコピーは、どのようにつくられているかを知ることで、自分の成功法則へと落とし込めるはずだ。

本書をフル活用すれば、いままでより**10倍速く**、**10倍濃密**な売れるコピーライティングができるようになる。

そのために、「**理解する**」→「**使ってみる**」→「**成果を挙げる**」の順で、あなたをご案内する。

「**理解**」した後は、ぜひ現場で「**使って**」いただきたい。

その先にある「**成果**」に必ずたどり着くからだ。

さあ、一緒に、売れるコピースキル習得に向けて歩きだそう。

2016年 4 月吉日

CRMダイレクト株式会社

代表取締役　横田伊佐男

最強の コピーライティングバイブル

──伝説の名著3部作が1冊に凝縮！
国内成功100事例付き

目次

[監修者・解説者はじめに] ── 神田昌典
　戦略としてのコピーライティング……1
[著者はじめに] ── 伝説の名著3部作を "ALL IN ONE"！
　あなたも10倍速で売れるコピーが書ける！……9
[プロローグ] ── 本書の特長と使い方……28
・名著"黄金のクラシックシリーズ"3部作を1冊に
　"ALL IN ONE"！……28
・現場で使える3ステップでラクラク体系化！……40
・誰でも知っている身近な国内事例が満載！……42

PART 1 ★★★ 戦略を練る

【超訳】『ザ・マーケティング【基本篇】』＆
『ザ・マーケティング【実践篇】』

1分でわかる『ザ・マーケティング』攻略のツボ……46
「どう言うか」より、「何を言うか」が重要な理由……50
「何を言うか」を絞り込む理由……52
展開事例：勝ち組企業の戦略とコピーライティング……55

〈事例〉ソニー損害保険株式会社、
　　　　アメリカンホーム医療・損害保険株式会社
コピーは、2つの要素で成り立っている……62
まとめ：PART1　戦略を練る
　　　　──【超訳】『ザ・マケ』3つの超訳……64

《コラム》事例じゃなく、事件です。
　　　　　JALとJR東海が大ゲンカ!?……65
〈事例〉日本航空株式会社、東海旅客鉄道株式会社、
　　　　株式会社ジャルパック

PART 2 ★★★グイッと惹きつける
【超訳】『ザ・コピーライティング』

1分でわかる『ザ・コピーライティング』攻略のツボ……72
これがキャッチコピー最強の法則！
「検証済35の型」を一挙紹介……75
キャッチコピー「最強35の型」の使い方……78
「新情報訴求」の最強キャッチコピー「8つの型」……80

型1：「ご紹介」で始める……81
〈事例〉ダイソン株式会社

型2：「発表」で始める……82
〈事例〉KDDI 株式会社

型3：「発表のニュアンス」がある言葉を使う……83
〈事例〉キユーピー株式会社、
　　　　三井不動産商業マネジメント株式会社

型4：「新」で始める……85
〈事例〉サントリー食品インターナショナル株式会社

目次
19

型5：「いま、さあ、ついに」で始める……87
　〈事例〉サッポロビール株式会社、
　　　　　新日本海フェリー株式会社

型6：「とうとう、いよいよ」で始める……89
　〈事例〉株式会社長崎ケーブルメディア

型7：「日付や年」を入れる……91
　〈事例〉カゴメ株式会社、北海道旅客鉄道株式会社、
　　　　　東日本旅客鉄道株式会社、首都高速道路株式会社、
　　　　　中日本高速道路株式会社、九州旅客鉄道株式会社

型8：「ニュースネタ風」にする……96
　〈事例〉株式会社伊藤園、サンスター株式会社、
　　　　　株式会社元気堂本舗

「新情報訴求」8つの型・現場で使える3つの超訳ヒント……99

【超訳ヒント1】○　こんな商品に合う
　「新商品」「キャンペーン」「イベント」が最適……99

【超訳ヒント2】×　こんな商品には合わない
　「従来商品」や「ロングセラー」には向かない……99

【超訳ヒント3】新情報訴求コピーのテクニック
　「季語」「ベネフィット」「タイミング」……100
　〈事例〉全国自治宝くじ事務協議会・宝くじ公式サイト

「価格訴求」の最強キャッチコピー「5つの型」……102

型9：「価格」をメインにする……103
　〈事例〉イオンフィナンシャルサービス株式会社、
　　　　　ミスタードーナツ（株式会社ダスキン）

型10：「割引価格」をメインにする……105
〈事例〉Y!mobile（ソフトバンク株式会社）、
　　　　楽天株式会社

型11：「特価品」をメインにする……107
〈事例〉株式会社イエローハット、
　　　　株式会社ファーストリテイリング

型12：「支払いの簡単さ」をメインにする……109
〈事例〉エヌ・ティ・ティ・コミュニケーションズ株式会社、
　　　　シンキ株式会社

型13：「無料提供」をメインにする……111
〈事例〉イオン株式会社、ネスレ日本株式会社、
　　　　株式会社楽天野球団、ソフトバンク株式会社

「価格訴求」5つの型・現場で使える3つの超訳ヒント……114

【超訳ヒント1】○　こんな商品に合う
「入口商品」が最適……114

【超訳ヒント2】×　こんな商品には合わない
「ブランド品」には向かない……114

【超訳ヒント3】価格訴求コピーのテクニック
「数字」「メリハリ」「赤」……115
〈事例〉株式会社大塚家具

「情報・エピソード訴求」の最強キャッチコピー「2つの型」……118

型14：「役に立つ情報」を提供する……119
〈事例〉司法書士法人　新宿事務所

型15：「エピソード」を伝える……121
　〈事例〉四谷学院（ブレーンバンク株式会社）、
　　　　日本サプリメント株式会社

「情報・エピソード訴求」2つの型・現場で使える3つの超訳ヒント……123

【超訳ヒント1】○　こんな商品に合う
「悩み解決商品」が最適……123
【超訳ヒント2】×　こんな商品には合わない
実績がない「新商品」には向かない……123
【超訳ヒント3】情報・エピソード訴求コピーのテクニック
「天と地のギャップ」「短い期間」……123
　〈事例〉株式会社 KADOKAWA

「キーワード訴求」の最強キャッチコピー「10の型」……127

型16：「○○する方法」とする……129
　〈事例〉株式会社大和書房、
　　　　健康スタイル（有限会社クリークコム）
型17：「どうやって、このように、どうして」とする……131
　〈事例〉株式会社ダイヤモンド社
型18：「理由、なぜ」を入れる……133
　〈事例〉フォレスト出版株式会社、救心製薬株式会社、
　　　　株式会社山田養蜂場
型19：「どれ、どの、（このような）」を入れる……136
　〈事例〉株式会社アイム、アメリカンファミリー生命保険会社
型20：「他に（誰か）」を入れる……139
　〈事例〉株式会社ビッグモーター、株式会社ノジマ

型21：「求む」を入れる……141
〈事例〉株式会社ファーストリテイリング

型22：「これ、この」で始める……143
〈事例〉株式会社再春館製薬所、株式会社NTTドコモ

型23：理由の「〜だから」を入れる……145
〈事例〉株式会社マイナビ、
　　　　ユニリーバ・ジャパン株式会社

型24：仮定の「（もし）〜なら、（もし）〜しても」を入れる……147
〈事例〉ソフトバンク株式会社

型25：「アドバイス」という言葉を入れる……148
〈事例〉厚生労働省、ヤフー株式会社

「キーワード訴求」10の型・現場で使える3つの超訳ヒント……150

【超訳ヒント1】どんなときに使うか？
　　筆が進まないときは、「先にキーワードを設定」する……150

【超訳ヒント2】これだけは押さえたいキーワードは？
　　型18「理由、なぜ」は、万能選手……150

【超訳ヒント3】キーワード訴求コピーのテクニック
　　「Ask（問う）」「Answer（答える）」「Action（行動させる）」
　　……151
　　〈事例〉ハーレーダビッドソン ジャパン株式会社、
　　　　　　ソニー損害保険株式会社

「その他訴求」の最強キャッチコピー「10の型」……154

型26：「証言スタイル」にする……155
〈事例〉日本サプリメント株式会社、サンスター株式会社

型27：「読み手を試す質問」をする……157
〈事例〉公益財団法人日本ユニセフ協会、株式会社 Q、
　　　　サントリーウエルネス株式会社

型28：「1 ワード見出し」にする……160
〈事例〉株式会社リョーマゴルフ

型29：「2 ワード見出し」にする……162
〈事例〉ヤマハ株式会社、
　　　　株式会社富士フイルム ヘルスケア ラボラトリー

型30：「3 ワード見出し」にする……164
〈事例〉ソフトバンク株式会社、サンスター株式会社、
　　　　日本放送協会、株式会社山田養蜂場

型31：「いまはまだ買わない」ように伝える……168
〈事例〉株式会社金曜日

型32：広告主から相手に「直接」語りかける……170
〈事例〉株式会社資生堂、ライオン株式会社、
　　　　株式会社フィリップス エレクトロニクス ジャパン

型33：「特定の個人やグループ」に呼びかける……173
〈事例〉イオン株式会社、株式会社NTTドコモ、
　　　　株式会社ティーエージェント、
　　　　日本サプリメント株式会社

型34：「質問形式」にする……176
〈事例〉MSD株式会社、セコム株式会社

型35：ベネフィットを「事実と数字」で伝える……178
〈事例〉健康コーポレーション株式会社、
　　　　キューサイ株式会社、楽天カード株式会社

「その他訴求」10の型・
　現場で使える3つの超訳ヒント……181

【超訳ヒント 1】これだけは押さえたいキーワードは？

型33「特定の個人やグループ」は、効果抜群……181

【超訳ヒント 2】捨てる対象を選べ

全員に刺さるキャッチコピーはない……181

【超訳ヒント 3】その他訴求コピーのテクニック

「年齢軸」……181

〈事例〉サントリーウエルネス株式会社

まとめ：PART2　グイッと惹きつける
──【超訳】『ザ・コピーライティング』3つの超訳……189

《コラム》 方言はキャッチコピーになるの？……191

〈事例〉麒麟麦酒株式会社

PART 3 ★★★ すぐ行動させる
【超訳】『伝説のコピーライティング実践バイブル』

1分でわかる『伝説のコピーライティング実践バイブル』
攻略のツボ……196
「6フレーム」とは何か……198

1.「書き出し」の型……198

2.「描写や説明」の型……199

3.「動機や理由づけ」の型……199

4.「保証や証明」の型……199

5.「決め手のひと言や不利益」の型……200

6.「結び」の型……200

距離を縮める、語りかけフレーズの魔術……201
13文字の「魔法のフレーズ」……202

展開事例：セールスレター……204
- ▶ロバート・コリアーの事例……204
- ▶神田昌典氏の事例 1……207
- ▶神田昌典氏の事例 2……212

〈事例〉**株式会社ALMACREATIONS**
- ▶アウディジャパン販売営業マン・田中大樹氏のレター（要約）……219

控えめに書き出し、徐々に強気に踏み込め！……221

まとめ：PART3　すぐ行動させる
　　　　──【超訳『伝コ』】3つの超訳……223

《コラム》実務の現場で
　　　　「なかなか筆が進まないとき、どうする？」……224

PART 4 ★★★ テスト！ テスト！ テスト！

異口同音に「テスト！ テスト！ テスト！」……228

テスト検証の体系的理論……232
- 1. テスト項目（何を評価するのか）……232
- 2. テストパターン（どうやって設計するのか）……234
- 3. ノウハウの習得（どう分析し、次に活かすか）……236

まとめ：PART4　テスト！ テスト！ テスト！
　　　　3つの超訳……239

《コラム》実務現場の裏話……240

PART 5 ★★★ 超訳サマライズ：本書を使いこなす

《型30「3ワード見出し」 ＋ 型13「無料提供」活用例》

　最強コピー例：「学生！ 家族！ 3 年！ 0^{タダ}」……247

　　〈事例〉ソフトバンク株式会社

実践で使う＝マネする、 応用する……249

　　〈事例〉ジョン・ケープルズ、ホリフィールド対フォアマン

「動」と「静」を描き、読み手の好奇心を

誘う法則……252

　　【『最強のコピーライティングバイブル』体系的習得法】……254

　　　1.「幹」と「枝」に分けて理解する……254

　　　2. 1枚にまとめて、頭のポケットに入れる……254

　　　3. 1枚のプランシートを使い倒す……254

　　【超訳サマライズシート（シート A）】……255

　　【超訳 1 枚プランシート（シート B）】……256

おわりに……257

《謝辞》……262

《参考文献》……263

《索引》……265

《業界別・国内広告事例》……272

プロローグ──本書の特長と使い方

本書を構成する３つの特長と使い方について紹介しよう。

●名著“黄金のクラシックシリーズ”
３部作を１冊に“ALL IN ONE”！

メリット 読む時間を大幅短縮・最短最速で要点をつかめる

「検証経験の不在」をカバーするためには、膨大な検証を経た実証済コピーの法則と実例を習得することが最短の近道になる。

コピーライティングやマーケティング分野で世界的にロングセラーとなっている３部作計４冊・総ページ数2000ページ超をどう攻略するか。

それらをダイレクトマーケティング分野で20余年の経験がある著者が、１冊にまとめた。

「ALL IN ONE」の発想で、**読む時間を大幅短縮し、最短最速で要点をつかめる**だろう。

"黄金のクラシックシリーズ" 3部作を1冊にALL IN ONE！

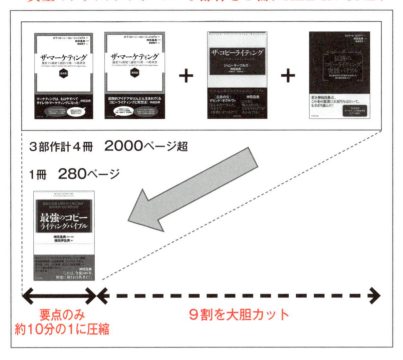

◆3部作の3つの強み

　これら3部作は、世に出ているマーケティング・コピーライティング書籍にない「3つの強み」がある。

●強み1：理論と事例のバランスが絶妙

　理論中心の本は事例が乏しい。事例中心の本は理論が不在だ。
　その点、3部作は、**理論と事例のバランスが絶妙**に詰まっている。

●強み2：内容が「仮説」ではなく、すべて「成果実証済」

　仮説ではなく、100年に及ぶダイレクトマーケティングの歴史の中で検証されてきた**鉄板の法則**を紹介している。

●強み３：日本だけでなく、世界的なロングセラー

　３部作はアメリカで出版され、日本だけでなく世界的な**ベスト＆ロングセラー**となっている。世界標準の書籍と言える。

　中でも『ザ・マーケティング【基本篇】』『ザ・マーケティング【実践篇】』はマーケティングの名門として名高いノースウェスタン大学などでも教科書になるほどの名著だ。

　コピーライティングの類書を調べたが、「３つの強み」のうち、ひとつか２つを満たしている類書はいくつかあった。理論はあるが、仮説の域を出ない本。事例中心でよく売れているが、成果は実証されていない本などに出合うこともある。しかし、何かが欠けている……。

　３つとも満たしている書籍は「黄金のクラシックシリーズ３部作」をおいて他にない。だからこそ、**世界唯一の稀少価値がある。**
　その結果、日本だけでなく、世界中で読み継がれているのだ。

　一生モノのスキルを得られる名著３部作！
　では、時間のない読者の方々のために、それぞれを「超訳」しよう。

●ボブ・ストーン＋ロン・ジェイコブス著、神田昌典監訳、齋藤慎子訳
『ザ・マーケティング【基本篇】』
（2012年6月刊、508ページ、本体3800円）

『ザ・マーケティング【実践篇】』

（2012年6月刊、400ページ、本体3800円）※以下、『ザ・マケ』

『ザ・マケ』は、【基本篇】と【実践篇】から成り、総ページ数は1000に迫る。日本国内では計1万部のロングセラー。

1975年の原書初版以来、第8版を重ね、マーケティングの名門・ノースウェスタン大学をはじめとする**全米トップスクール37校**（大学および大学院）で「**実学の教科書**」として採用されている名著だ。

著者のボブ・ストーンとロン・ジェイコブスは、ともにダイレクトマーケティングの専門家。原題は、"SUCCESSFUL DIRECT MARKETING METHODS, Eighth Edition"。

2012年に同書を読んだときの率直な感想は、「薄いなぁ」だった。

厚さ約7センチ、重さ約1.5キロの両篇を指して、「こんなに分厚いのに、薄いだって？」と驚かれるかもしれないが、事業計画からメディア、クリエイティブ、コールセンター等、実践的なダイレクトマーケティング手法を網羅して、よくこれだけの「薄さ」にまとめたなあ、と思ったものだ。

本書では、「PART 1　戦略を練る」と「PART 4　テスト！ テスト！ テスト！」で超訳する。

では、『ザ・マケ』をどのように超訳したのか、紹介しよう。

『ザ・マケ』全体構成と超訳該当箇所

※①は、第1章を指す

『ザ・マーケティング【基本篇】』全508ページ

第1部　ダイレクトマーケティングの主要点
① ダイレクトマーケティングの広がり
② 事業計画、戦略計画、ダイレクトマーケティング計画
③ データベースの効用
④ 消費者および企業向け発送用顧客名簿
⑤ オファー
⑥ 顧客との関係構築
⑦ ダイレクトマーケティングの海外展開
⑧ 対企業ダイレクトマーケティング
⑨ リードジェネレーションを活用した対企業マーケティング

第2部　ダイレクトマーケティングの媒体
⑩ 雑誌
⑪ 新聞
⑫ テレビ・ラジオ
⑬ 挿入型共同広告の各種媒体
⑭ テレマーケティング／テレサービス

『ザ・マーケティング【実践篇】』全400ページ

第3部　インターネットダイレクトマーケティング
⑮ インターネットダイレクトマーケティングの概要
⑯ 電子コミュニケーション
⑰ eコマース

第4部　クリエイティブプロセスの管理
⑱ ダイレクトメールの企画
⑲ カタログ通販ビジネスの企画と経営管理
⑳ 新聞・雑誌広告の企画

第5部　マーケティング・インテリジェンス
㉑ モデリングを経営判断支援に活用
㉒ ダイレクトマーケティングの計算数字
㉓ 画期的アイデアに不可欠な創造性とテスト
㉔ ダイレクトマーケティング用調査

ココを超訳！

157〜158ページをPART1で超訳

329ページをPART4で超訳

プロローグ

まず、ページ構成は前ページのとおり、508ページの【基本篇】と400ページの【実践篇】から成り、全5部24章で構成されている。

　【基本篇】はどちらかというと**戦略的**、【実践篇】は戦術的な構成だ。

　ダイレクトマーケティングの玄人（くろうと）が24章の項目だけを見れば、いかに網羅的、体系的に広範囲をカバーしているかがわかるだろう。

　コピーライティングに関しては、主に「第4部　クリエイティブプロセスの管理　第18章　ダイレクトメールの企画」にヒントが多い。

　この章の中で、特に参考になるのが**157〜158ページ**だ。そこからさらにエッセンスだけを搾り出し、PART1で戦略のつくり方を解説する。

　「第5部　マーケティング・インテリジェンス　第23章　画期的アイデアに不可欠な創造性とテスト」には、テスト検証の具体的手法が書かれている。その章の**329ページ**に、実践的なテストマトリクスがあるので、本書のPART4でテストの検証方法を解説する。

　本書では、『ザ・マケ』2冊計908ページから必要箇所を3ページ取り出し、905ページを大胆カットした。その超訳率（全体から必要部分を抜き出した割合）は、全体の**0.3%**だ。**99.7%を大胆カット**し、0.3%だけ搾り出した極上のエッセンスをPART1でマスターしてほしい。

　もちろん、カットした905ページには、網羅的かつ体系的な珠玉の学びがあるので、ぜひ『ザ・マケ』を参照いただきたい。

【超訳データ】
- **超訳ページ：3/908ページ**
- **超訳率：0.3%（99.7%をカット）**

●ジョン・ケープルズ著、神田昌典監訳、齋藤慎子＋依田卓巳訳
『ザ・コピーライティング』
（2008年9月刊、436ページ、本体3200円）※以下、『ザ・コピ』

　1932年に原書初版が発刊された『ザ・コピ』は、全436ページにコピーライティングのノウハウが余すことなく書いてある。
　"広告の父"デビッド・オグルヴィは、この名著に「間違いなく、今までで**1番役に立つ広告の本だ**」と最高の賛辞を送っている。
　本体価格3200円ながら、14刷4万部超という驚異のベスト＆ロングセラー。著者のジョン・ケープルズは1990年に90歳で亡くなったが、58年間、アメリカの広告業界の第一線で活躍し続けた伝説のコピーライターである。
　日本語タイトルは『ザ・コピーライティング』だが、原書タイトルは"Tested Advertising Methods Fifth Edition"。つまり、『**検証済広告の手法（第5版）**』である。

　成功企業が企業秘密として、隠し続けている検証済の成功コピーを**体系化して「35の型」にし、そのノウハウを惜しみなく公開**している。
　これを読み進めるほど、アイデアが泉のように湧き出てくる。本書では、「**PART 2　グイッと惹きつける**」でいくつかの「型」「パターン」を超訳する。では、『ザ・コピ』をどのように超訳したのだろうか。

『ザ・コピ』全体構成と超訳該当箇所

『ザ・コピーライティング』 全436ページ

① これが新しい広告戦略だ

② 広告は見出しが命

③ どんな見出しが1番注目されるか

④ 効く見出しはこう書く

⑤ 35の見出しの型──効果は検証済み

⑥ どんぴしゃりの訴求ポイントを見つけるには?

⑦ 「テスト済み広告」と「テストしない広告」

⑧ 熱意を込めてコピーを書く方法

⑨ コピーの出だしはこう書く

⑩ 効くコピーはこう書く

⑪ コピーの売込み効果を高める20の方法

⑫ 誰もがぶつかる問題を避ける方法

⑬ こうすればもっと問合せが増える32の方法

⑭ 最大数のお客にアピールする方法

⑮ どんなレイアウトとビジュアルが1番注目されるか

⑯ 小スペース広告で利益を上げる方法

⑰ 頭の体操10問──成功した見出しはどっち?

⑱ 広告をテストする17の方法

ココを超訳!

106～142ページ (37ページ分)をPART2で超訳

152ページをPART4で超訳

436ページのボリュームは、全18章で構成されている。

コピーライティングについて、すべて検証されたエッセンスだけを実践的かつ具体的に紹介している。

超訳作業において、大胆にカットするページも少なく、**3部作の中で純度が最も高い**と言える。

とりわけ、絶対に外せないのが「**第5章　35の見出しの型**」だ。

全37ページあり、まず手に入らない**検証済成功コピーの法則**が惜しむことなく公開されている。ただ残念なのが、すべて欧米の古い事例なのでちょっとピンとこないかもしれない。

そこで、本書では、**PART 2**で最も多くの分量をさき、この35の型すべてを**国内成功事例で完全アップデート**した。

「**第6章　どんぴしゃりの訴求ポイントを見つけるには？**」では、テストを検証するヒントが1ページ紹介されている。この1ページをヒントに、**PART 4**でテストの検証方法を解説する。

『ザ・コピ』436ページからは、必要箇所を38ページ分取り出し、398ページ分を大胆カットした。その超訳率は、全体の**8.7%**だ。この超訳率は3部作の中で、最も高い。それだけ、省くところが少ないのだ。

とはいっても、400ページ超の本はなかなか読めない方のために、本書PART 2で超訳した超濃度エッセンスを搾り出す。そのエッセンスで、売れるキャッチコピーを完全マスターしてほしい。

【 **超訳データ** 】
● **超訳ページ：38/436ページ**
● **超訳率：8.7%（91.3%をカット）**

プロローグ

●ロバート・コリアー著、神田昌典監訳、齋藤慎子訳
『伝説のコピーライティング実践バイブル』
(2011年3月刊、716ページ、本体4800円)※以下、『伝コ』

　1937年に原書初版が刊行された『伝コ』は、『ザ・コピ』よりさらに分厚く716ページ。出版業界では「電話帳」と言われるほどの厚さで、本体価格4800円という高額ながらも、第5刷1万部を突破する**驚異のロングセラー**だ。
　原題は、"THE ROBERT COLLIER LETTER BOOK"。1937年に刊行され、今日まで80年近く読み継がれている。

　著者のロバート・コリアーは1885年生まれのコピーライターであり、思想家、哲学者でもある。
　原書タイトルのとおり、セールスレターについて心理学に近い理論を用い、豊富な事例とともに説得力あるセールスレターの書き方と事例を紹介している。
　「本が売れれば、どんな商品も売れる」というメッセージも興味深い。
　文中事例では、第一次世界大戦中でも、仕掛けと工夫次第でこんなにもモノは売れるのか、という驚きを感じられるまさに古典。
　本書では、「PART3　すぐ行動させる」で超訳する。

『伝コ』全体構成と超訳該当箇所

『伝説のコピーライティング実践バイブル』 全716ページ

① 効果的なセールスレターは何が違うのか

② どうやって「欲しい」と思わせるか

③ 目新しい情報を盛り込む

④ イキイキと描いて欲しいと思わせる

⑤ 買わせる動機づけ

⑥ 論より証拠

⑦ そっと背中を押す工夫

⑧ かかった相手を逃さないしかけ

⑨ レターの必須6要素　　　　　　　　　　　　　▶ 146ページを PART3で超訳

⑩ すべてはこうして始まった

⑪ 最初が肝心

⑫ 『O・ヘンリー短編集』を200万ドル分売ったレター

⑬ 売れに売れた戦争物

⑭ よく知られている本の場合

⑮ どうやってウェルズの『世界史大系』を売り込んだのか

⑯ これまでの書籍購入者に救われたキャンペーン　　▶ 343～348 ページ (6ページ分)を PART3で超訳

⑰ セールスレターの達人

⑱ 3度めの5万個販売達成！

⑲ ささやかなものですが、受け取っていただけますか？

⑳ 100万ドル分を最初の6か月で受注

㉑ 広告から当てずっぽうをなくす

㉒ 開業のお手伝い

㉓ どうすればトップに読んでもらえるか

㉔ 催促は笑顔で

㉕ 理想のセールスレターとは

㉖ どうすればレターで資金集めできるか

ココを超訳！

プロローグ

最後に、『伝コ』の超訳方法を紹介しよう。

　3部作中最も分厚い716ページの『伝コ』は、左ページのとおり全26章で構成されている。その内容は、セールスレターが中心だ。相手の心理を読んで、文章に落とし込む「**フレーム**」や「**フレーズ**」が豊富な事例とともに紹介されている。

　フレームについては、「**第9章　レターの必須6要素**」のわずか1ページに慧眼のフレームが公開されている。このフレームに沿って書き出すだけで、相手の立場を思ってのセールスレターが自動的にラクラク書けるようになる。

　1文を入れるだけで効果が上がる、「魔法のフレーズ」の事例は「**第16章　これまでの書籍購入者に救われたキャンペーン**」で紹介されている。
　特に、「**6（シックス）フレーム**」と「**魔法のフレーズ**」を、本書のPART3で事例付きで解説する。

『伝コ』716ページからは、必要箇所を7ページ取り出し、709ページを大胆カットした。その超訳率は、全体の**1％**だ。
　本書PART3にこの1％分を凝縮しているので、短い時間でボディコピーやセールスレターを書けるように工夫してある。

【 超訳データ 】
●超訳ページ：7/716ページ
●超訳率：1%（99%をカット）

本書の特長と使い方
39

●現場で使える3ステップで
ラクラク体系化！

$\boxed{メリット}$ 「読む→即行動→劇的な成果」の善スパイラル

現場で使う視点から体系的にまとめ上げたものが、以下の3ステップである。

▶ステップ1：「戦略を練る」（超訳『ザ・マケ』）

売るためには、誰に売るかという「ターゲット」、そして、どんな価値を届けるかという「提供価値」を考えていく戦略が必要になる。つまり、「**ターゲット×提供価値**」という戦略がキモだ。

その「戦略」は、「提供価値」を「**OUT（捨てる）**」と「**IN（残す）**」に振り分けることでクリアになってくる。

▶ステップ2：「グイッと惹きつける」（超訳『ザ・コピ』）

とにもかくにも、キャッチコピー（見出し）でグイッと惹きつけなければ終わりだ。キャッチコピーは、字数が少ない分、文字が大きい。ここで、「おっ！」と目を惹かせ、ボディコピーへ読者を誘わなければならない。「惹きつける」ことがミッションのキャッチコピーには、「**検証済の型**」がある。キャッチコピー「**最強35の型**」を豊富な国内事例で紹介する。

▶ステップ3：「すぐ行動させる」（超訳『伝コ』）

キャッチコピーでグイッと惹きつけた後は、説得し、行動させるボディコピー・セールスレターが控えている。ボディコピーで説得され、顧客が商品・サービスを購買（行動）することで売上に結びつく。

顧客に対し、すぐに購買行動させる「**6フレーム**」と「**魔法のフレーズ**」を紹介する。

本書の3ステップを1枚に「超訳」すると、次ページのようになる。

3ステップの1枚超訳

PART1

ステップ1　戦略を練る（超訳『ザ・マケ』）

「ターゲット×提供価値」

↓分ける↓

| OUT（捨てる） | IN（残す） |

PART2

ステップ2　グイッと惹きつける（超訳『ザ・コピ』）

キャッチコピー「最強35の型」

| 新情報訴求8の型 |
| 価格訴求5の型 |
| 情報・エピソード訴求2の型 |
| キーワード訴求10の型 |
| その他訴求10の型 |

PART3

ステップ3　すぐ行動させる（超訳『伝コ』）

「6フレーム（シックス）」＋「魔法のフレーズ」

1. 書き出し
2. 描写や説明
3. 動機や理由づけ
4. 保証や証明
5. 決め手のひと言や不利益
6. 結び

本書の特長と使い方

「ここだけを読め！」という箇所のみピックアップし、さらにエッセンスを搾り出すように「超訳」。その超訳した解釈をフレーム化し、国内事例で紹介しているので、エッセンスをラクラク習得できる。

　現場では、見開きノートにスケッチするように、ホップ→ステップ→ジャンプと3ステップでかけ上がる練習で、「読む→即行動する→劇的成果の善スパイラル」に入り込める。

　まず、見えない「戦略」を練る。次に、見える「コピー」を書き始めてみよう。

"善スパイラル"に入る現場での使い方

見えない「戦略」	見える「コピー」
ホップ ステップ1　戦略を練る （超訳『ザ・マケ』） 「ターゲット×提供価値」 **分ける** OUT（捨てる）　IN（残す）	**ステップ** ステップ2　グイッと惹きつける （超訳『ザ・コピ』） 「キャッチコピー」 **ジャンプ** ステップ3　すぐ行動させる （超訳『伝コ』） 「ボディコピー セールスレター」

●誰でも知っている身近な国内事例が満載！

　メリット　国内成功事例付きなので、応用展開しやすい

　現場では、体系的なセオリーをどのように応用するのか？
　この疑問に答えるために、**すべてを国内成功事例**で解説した。

"黄金のクラシックシリーズ" 3部作の弱点は、欧米の古い事例だったこと。
　そのため、なかなか"自分ゴト化"しにくかった。
　本書では、国内事例に置き換えることで、その弱点を補っている。
　これにより、理論から実践へムリなく、展開できる。

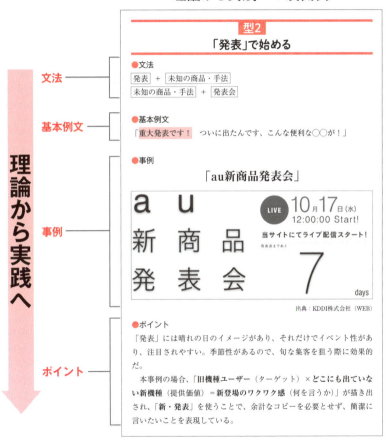

理論から実践への展開例

PART 1

★★★

戦略を練る

【超訳】
『ザ・マーケティング【基本篇】』
&
『ザ・マーケティング【実践篇】』

1分でわかる『ザ・マーケティング』攻略のツボ

「書くな、まず考えろ！」

コピーライティングの始まりはこれに尽きる。

いきなり、コピーを書いてはいけない。

誰に向けて、どんな価値やベネフィット（得、便益）を伝えるべきかを先に考える「戦略」が不可欠だ。

では、その戦略は、具体的にはどうやって考えるのだろうか？

ヒントは、『ザ・マーケティング【実践篇】』157～158ページの「**成果をあげるコピーを書くための11のガイドライン**」にある。

このガイドラインは、成果を挙げるためのガイドラインでもあるが、そのためのチェックリストでもある。

常にデスクの見えるところに貼り付けておくと"売れ筋"から外れることのないコピーを書くことができる。

この11のガイドライン、実は、2つに分かれている（→次ページ参照）。

❶と❷は**考える**について、それ以降（❸～⓫）は**書く**について触れている。「**書くな、まず考えろ！**」とは、**考える**のことで、具体的には、❶と❷を指す。

PART 1
46

「成果をあげるコピーを書くための11のガイドライン」

(原文そのまま)

考える

❶ ブランド、商品、サービスをしっかり把握しているか。下調べをきちんとすませ、おもなセールスポイントとベネフィットを押さえているか。

❷ 市場、ターゲットグループ、セグメントをしっかり把握しているか。的が絞られているか、可能性がもっと高そうな見込客あるいは顧客にとって価値ある内容か。

書く

❸ 相手にわかる言葉で書いているか（企業向けとは異なる言葉づかいをしているか、など）。

❹ 相手になんらかの約束をし、それを実行できることを証明し、それが可能な根拠で裏づけているか。

❺ すぐ要点に触れているか。非常に重要な約束をただちにしているか。

❻ 見出しとリードは特に、セールスポイントに直接関連し、特化したものか。

❼ 単刀直入で簡単明瞭か（ダイレクトメールの場合は特に、どうしてもくどくどと書いてしまいがち）。

❽ 筋が通っていてわかりやすいか。趣旨がスムーズに流れているか。

❾ 熱意がこもっているか。説得力があるか。見込客や顧客に求めている内容を、コピーライター自身が信じていることが感じられるか。

❿ なにか欠けているところはないか。相手が必ず知りたがるような疑問に答えているか。おもなセールスポイントとベネフィットをはっきり説明しているか。

⓫ レスポンスしてもらおうとするものか。それとも、自分の文才で相手を感心させようとするものか。受賞作品を生み出すことで自尊心はくすぐられるが、ダイレクトマーケティングで重要なのは、なんと言っても「成果」だ。

出典：『ザ・マーケティング【実践篇】』157〜158ページ

1ページに記載された11個のガイドラインから、本章では、❶と❷のエッセンスを取り上げる。

たった**2項目**に絞り込んだので、❶と❷だけでも熟読いただきたいが、❷は「**ターゲット**」のことを言っている。❶は「**提供価値**」について説明している。2項目を抜き出して再掲しておこう。

「考える・2つのガイドライン」

❶ ブランド、商品、サービスをしっかり把握しているか。下調べをきちんとすませ、おもなセールスポイントとベネフィットを押さえているか。（← 「提供価値」）

❷ 市場、ターゲットグループ、セグメントをしっかり把握しているか。的が絞られているか、可能性がもっと高そうな見込客あるいは顧客にとって価値ある内容か。（← 「ターゲット」）

当たり前すぎる？

しかし、この当たり前が考えられていないことがほとんどだ。
以下の質問に答えられるかチェックしてほしい。

「2つのガイドラインに関する質問」

►なぜ、そのターゲットを狙うのか？ そのターゲットでいいのか？

►何が、顧客のベネフィット（得）か？

►あなたの商品は、ターゲット顧客の何（悩み）を解決するのか？

►その商品は、他社では買えないのか？

►他にはない、その商品の独自の強みは何か？

PART 1

一見、当たり前に見えるガイドラインもいくつかの質問でチェックすると答えられないことが多い。**答えられないというのは、考えていないということだ。**

そこで、この2項目を**超訳**し、**公式化**する。

PART1「戦略を練る」においては、次の公式だけを覚えておけばいい。

【 超訳 】 戦略を練る
「ターゲット×提供価値」を 徹底的に考えよ

「書くな、まず考えろ！」と言われても、何を考えるべきか戸惑うことがあるかもしれない。

考えるのは、誰に向けて書くかという「**ターゲット**」を決めること。

次に、何を伝えるかという「**提供価値**」を決めること。

これが、「考える」ことだ。

コピーライティングを行ううえで、重要なマーケティング。それが、考えることである。

「どう言うかより、何を言うか」のほうが重要であることを、"黄金のクラシックシリーズ"3部作ではたびたびスペースをさいて説明している。

では、具体的にその考え方を紹介しよう。

戦略を練る
49

「どう言うか」より、「何を言うか」が重要な理由

コピーを書く前に、訴求するターゲット（顧客）に対し、商品やサービスのどんな価値を提供するか。

これがコピーを書く前に考える戦略である。

PART 2 で紹介する『ザ・コピ』でも同様のことが触れられている。「どう言うかより、何を言うか」のほうが重要なのだ。

それぞれの意味は、こうだ。

どう言うか＝コピーライティング
何を言うか＝戦略

では、なぜ「どう言うかより、何を言うか」のほうが重要なのか？

なぜなら、そうしなければ、売れなくなるからだ。

老若男女それぞれ、価値観に大きな違いがある。ここを見極めておかないと、その後、どんなにいいコピーを書いても刺さらないコピーになってしまうのだ。

たとえば、スマートフォン「iPhone」の新機種が登場したとしよう。

その新型iPhoneが売れるコピー、つまり、買ってもらうにはどんなコピーを書けばいいだろうか？

おっと、ここでいきなり書いてはいけない。まず考える。売れる**コピーライティング（どう言うか）**にするには、事前にその**戦略（何を言うか）**が先だ。

価値を受け取る相手（ターゲット）が変われば、伝えるべきこと（提供価値）はおのずと異なってくる。

この場合、価値を受け取るターゲットは、大きく考えて 3 タイプいる

PART 1

だろう。「iPhoneユーザー」「アンドロイドユーザー」「ガラケーユーザー（スマホ未保有者）」の3タイプである。

それぞれ「**ターゲット×提供価値**」を考えてみよう。

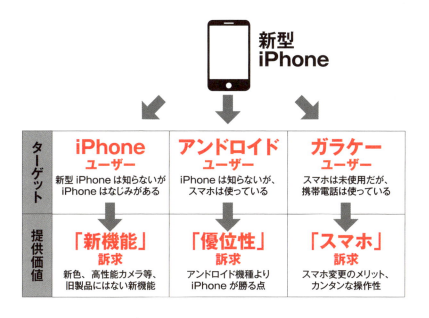

同じiPhoneでも、ターゲットが異なれば、「**新機能**」訴求、「**優位性**」訴求、「**スマホ**」訴求と提供すべき価値が異なってくる。それぞれのターゲットの興味や関心、悩み、欲している情報が異なるからだ。

これを間違えてはいけない。たとえば、「iPhoneユーザー」に「スマホ」への変更を訴求しても、日頃スマホを使っているので無意味だ。

また、「ガラケーユーザー（スマホ未保有者）」に対して、iPhoneの「新機能」を訴求しても、何のことかわからない。彼らは、スマホ自体持ったことがないのだから。

ターゲットが違えば、**提供すべき価値は大きく変わる**のだ。

「何を言うか」を絞り込む理由

　超訳した戦略は、「**ターゲット×提供価値**」。私は、これまで数多くのコピーライティング受講者を見てきたが、シンプルにもかかわらず、ほとんどの受講者がこの戦略を事前に描いていない。

　描けていたとしてもキレが甘い。キレが甘いということは、**言うことが絞りきれていない**ということだ。いや、ムリもない。

　実はこの作業は難しい。なぜなら、**あれもこれも**言いたくなるからだ。

　では、どうやって**言うべきこと**を絞っていくのか？

　実は、3部作で「**どう言うかより、何を言うか**」の重要性は再三登場するが、具体的手法については一切言及されていない。ましてや、何を言うかの絞り方などまったく説明されていない。

　説明されていないことを推定するに、**定式化**できないことが要因にある。絞るというのは、選択肢からひとつを選ぶことだ。それは定式化というより、むしろ決断力の問題だ。

　そうは言っても、常に受講者はここが悩みのタネである。

　そこで、受講生を手助けしてきたUSP（Unique Selling Proposition）フレームを紹介しよう。言うことを絞る、つまり**独自の売り**＝USPを絞り込むのに役立つはずだ。

　USPフレームはカンタン。提供価値（商品やサービスの特長）を2つに分けるだけだ。2つとは、**OUT（捨てる）→IN（残す）**である。

　これからコピーを書く商品の価値や特長をいくつか考え、「捨てる」と「残す」に振り分けるだけである。

PART 1

52

「USPフレーム」

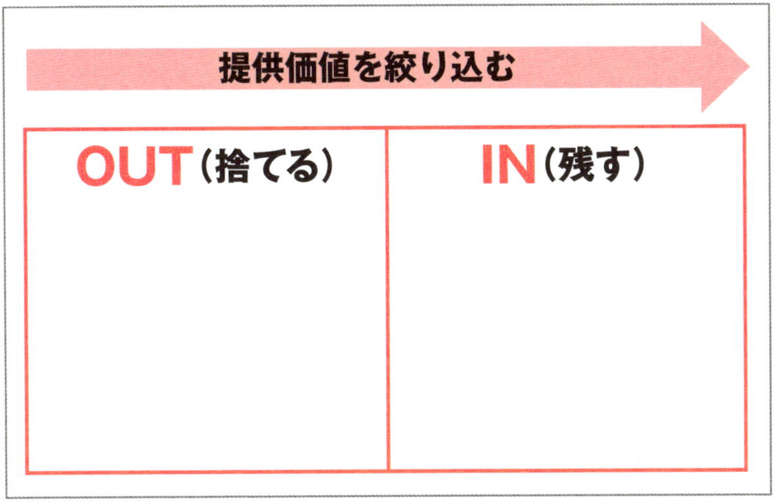

提供価値を絞り込む →	
OUT（捨てる）	**IN（残す）**

このUSPフレームは、①準備→②分別→③決断の３段階で使う。

① 準備（ターゲット×提供価値）

ターゲットを定め、提供価値（商品特長）を考える。このとき、提供価値は多ければ多いほどいい。

② 分別（OUT/IN）

考えをめぐらした提供価値を捨てる価値（OUT）と残す価値（IN）の２つに分ける。残す価値（IN）を明確にするため、捨てる価値（OUT）を先に書き出すことがポイントだ。

③ 決断（USP）

いくつかの残す価値（IN）から最も重要な提供価値（特長）をひとつだけ選ぶ。それが、独自の売り＝USPだ。

　特定のターゲットに対し、価値をひとつに絞ることは難しいが、こうすることで、言うべきことが徐々に絞られてくる。

戦略を練る

53

こうして「ターゲット×提供価値」という戦略が確定した後に、本書PART2で解説する「どう言うか（How）」に入っていくのだ。

売れるコピーライティングは、まさに氷山の一角そのもの。目に見えるコピーライティングスキルは一部分だけだが、その裏の目に見えない大部分が、顧客を想定した**マーケティングスキル（ターゲット×提供価値）**に支えられている。

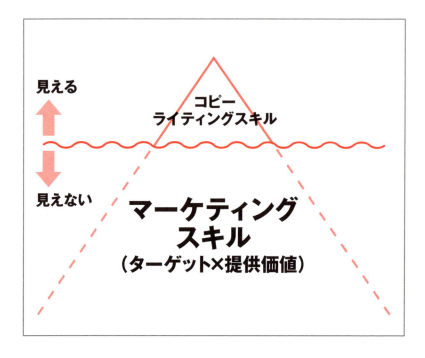

世に多くのコピーライティングの書籍が出ているが、その多くがコピーの表現方法（語感や語法）をなでるだけにとどまっている。

それらを否定するつもりはないが、売れるコピーを書くには、それだけでは**不十分**である。もし、「提供価値」の「ターゲット」がズレていれば、どんなに語感や語法を工夫しても刺さらない。

刺さるコピーにするために、何を言うか（What）、つまり「**ターゲット×提供価値**」をまず考えよう。

展開事例：勝ち組企業の戦略とコピーライティング

では、実際に見えない「戦略」と、見える「コピー」の事例を見てみよう。題材は、自動車損害保険だ。

先に見えるクリエイティブ、「コピーライティング」から見ていこう。

出典：ソニー損害保険株式会社（WEB、2013年6月時）

戦略を練る
55

このクリエイティブは、新規保険加入者に向けての戦略が事前にしっかり練られているが、**その戦略がくっきり見えるだろうか？**

今回取り上げたソニー損保のキャッチコピーは、「**ソニー損保が選ばれ続ける理由**」だ。

【ソニー損保のキャッチコピー】

ソニー損保が選ばれ続ける理由

では、「どう言うか」「何を言うか」を整理しておこう。

> どう言うか＝「ソニー損保が選ばれ続ける理由」
> 何を言うか＝「○○○（ターゲット）」×「○○○（提供価値）」

いま、見えているのは、「どう言うか」。つまり、「ソニー損保が選ばれ続ける理由」というキャッチコピーである。

しかし、このキャッチコピーにたどり着くまでに、見えない戦略が練り込まれている。

先ほど問いかけたのは、どのような「ターゲット×提供価値」が考えられ、ひとつに絞り込まれたのか。その戦略がくっきり見えているか、ということだ。

それでは、提供価値を「捨てる（OUT）」と「残す（IN）」に分ける「USPフレーム」を使って、**見えない「戦略」を見える**化してみよう。

PART 1
56

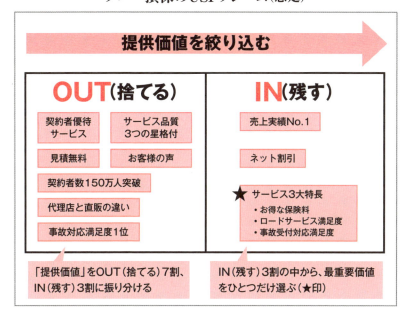

① 準備(ターゲット×提供価値)

　ターゲットを「既存加入客」ではなく、「新規保険加入者」に定める。ターゲットが喜びそうな、自社で保有する資産、強み、特長を数多く考える。これまで顧客に案内してきた制作物(パンフレット、ホームページ)から抜き出したり、多くのスタッフとブレストしたりするのもいいだろう。

　(例)事例の場合、ホームページ上で10の特長が掲載されていた。それらが「提供価値」の候補。

② 分別(OUT/IN)

　ターゲットの「新規保険加入者」に向けて、提供価値を捨てる価値(OUT)と残す価値(IN)の２つに分ける。ターゲットにとってベネフィット(得)があり、自社としてどうしても伝えたい価値の順番などで振り分ける。７(OUT)対３(IN)のバランスで分けてみる。

（例）10の「提供価値」をターゲット（新規保険加入者）のメリット順で並べ、7対3で振り分けてみた。

③ 決断（USP）

ターゲットを見据え、残す価値（IN）の中から、最重要価値をひとつだけピックアップする。

（例）「新規保険加入者」を見据えて、競合他社を上回る最重要価値を**「サービス3大特長」**とした。

提供価値が多いと、あれもこれも言いたくなる。そこで、USPフレームで振り分けると、最重要提供価値（USP）が絞り込みやすくなる。

絞り込んだことを表現すべく、グイッと惹きつけるキャッチコピーとして、「ソニー損保が選ばれ続ける理由」が据えられている。

つまり、戦略とキャッチコピーを見える化してみると、こうだ。

【ソニー損保の戦略とキャッチコピー】

●**戦略（何を言うか）＝「新規保険加入者」×「サービス3大特長」**

⇓

●**コピー（どう言うか）＝「ソニー損保が選ばれ続ける理由」**

このクリエイティブは、好例と言える。以下2つが私の分析だ。

▶分析1

「新規客（ターゲット）×3大特長（提供価値）」戦略が明確。

▶分析2

キャッチコピーを「〜の理由」とし、目を惹きつけている。

ちなみに、このキャッチコピーに使われている「〜の理由」は、本書

PART2で触れる「最強35の型」のひとつである。

55ページにあるとおり、キャッチコピーの次には、3つの円グラフで特長が描かれ、「提供価値」へ流れるように工夫されている。

次に、同じダイレクト損保業界で対比できるクリエイティブを見てみよう。事例は、「アメリカンホーム・ダイレクト」だ。

出典：アメリカンホーム医療・損害保険株式会社（WEB、2013年11月時点）

これを見ると、ソニー損保と同様、新規顧客がターゲットだが、成功の定石は使われていない。

私の分析はこうだ。
▶分析1
新規顧客に対し、「事故対応満足度実績91.0％」を絞り込んだ提供価値とした戦略が不明瞭。事故経験がなければ、メリットがわかりにくい。
▶分析2
文字で最も大きい「実績91.0％」がいいのか悪いのかという客観性に

欠け、新規顧客にはわかりにくく、結果として次を読みたい、と目を惹くキャッチコピーになっていない。

では、次に両社の業績を見てみよう。以下が2000年度と2014年度の比較だ。

企業名	売上高・順位	2000年度	2014年度	増減率
ソニー損保	売上高※1	7,508百万円	81,585百万円	1086%
	順位※2	3位	1位	3位→1位
アメリカンホーム	売上高	15,200百万円	12,842百万円	84%
	順位	1位	9位	1位→9位

出典：両社の公開資料から抜粋

※1：売上高は、自動車保険のみの元受正味保険料
※2：業界順位は、ダイレクト損保業界の順位

好例として挙げたソニー損保の成果はどれほどのものか？
　ダイレクト損保業界で**13年連続売上No.1**の実績を誇っている（2015年12月時点）。売上も14年間で**10倍強**アップしている。

　対して、アメリカンホーム・ダイレクトの業績は、売上高減少に歯止めがかからず、業界順位もかつての首位から下位に下降している。
　そして、ついに2016年4月以降の新規契約はすべて終了してしまった。業績不振の影響は否めないだろう。

　自動車保険は各社各様のサービスを展開しているように見えるが、そもそも自動車保険は、商品・サービスの差別化がしにくい。ハッキリ言って、どの会社の商品・サービス内容もほとんど同じだ。

PART 1
60

では、なぜ差がつくのか？

商品の差別化が困難な業界の中で、13年連続トップの地位を死守する勝因は何か？
年々、売上順位を下げた敗因は何か？
両者の明暗を分けるものは何か？

ダイレクト損保なので、強い営業力を持つ代理店は武器として使えない。残る要因はコミュニケーション。もっと言えば、コピーライティングだ。要は、伝え上手か否かが、成功への分かれ目になる。伝え上手の勝者には、見えない戦略が隠れている。残念だが、敗者にはそれがない。

名伯楽の野村克也氏は、こんなことを言っている。

「勝ちに不思議の勝ちあり、負けに不思議の負けなし」

負ける（売上が上がらない）ときには、必ず敗因がある。この教訓は、コピーライティングの世界にそのまま当てはまる。

ペンを持つ前に言うことを絞り込む。まずは「**ターゲット×提供価値**」という戦略を徹底的に練ることから始めていこう。

コピーは、2つの要素で成り立っている

次のPARTから、コピーライティングに入るが、その前にクリエイティブ（広告やセールスレター等）における2つのコピー要素を説明しておこう。

コピーには、以下の2要素がある。

● キャッチコピー：目を惹きつけることが役割
● ボディコピー：読ませて、すぐ行動させることが役割

このPARTで紹介したソニー損保の例で確認しておこう。

キャッチコピーは、ほとんどの場合、上段に目のつくところに設置される。文字は大きく、短い。その役割は、注意（Attention）させて、目を惹きつけることに尽きる。

次に、ボディコピーは、文字が小さく分量が多い。キャッチコピーを経て初めて読んでくれるが、重要なエリアだ。読み手に興味（Interest）、そして欲望（Desire）を喚起させ、行動（Action）へ誘う重要な役割を持っているからだ。

ここで4つの英文字を使ったが、レスポンスを勝ち取るダイレクトマーケティングの世界では鉄板の法則として、知られている。

【AIDAの法則】

注意（**A**ttention）
興味（**I**nterest）
欲望（**D**esire）
行動（**A**ction）

頭文字を取って、AIDAと呼ばれていて、顧客が購買行動へ至る順番とメカニズムを説明している。

顧客が購買行動に至る流れなので、売れるコピーライティングを追求するのにぜひ覚えておいてほしい。

詳しくは、『ザ・マーケティング【実践篇】』の158ページを参照いただきたい。

いよいよ、次のPART 2 でキャッチコピー、そしてPART 3 ではボディコピー・セールスレターを紹介していこう。

戦略を練る
63

まとめ：PART1　戦略を練る
── 【超訳】『ザ・マケ』3つの超訳

ここでは、これだけ押さえておけばいい。

【 超訳 】まとめ1

いきなり書くな、まず「戦略」を考えよ

コピーで重要なのは、「どう言うか（How to say）」より、「何を言うか（What to say）」だ。何を言うべきかの戦略をまず練り上げる。

【 超訳 】まとめ2

戦略とは、「ターゲット×提供価値」

誰に向けて書くのか？　そのターゲットは何を欲し、何に悩んでいるのか？　それが価値になるのかを問うことが戦略である。

【 超訳 】まとめ3

「捨てる（OUT）」→「残す（IN）」に分け、ひとつに絞る

ひとまず、ターゲットに対する提供価値を考え、「捨てる価値（OUT）」と「残す価値（IN）」に振り分け、「残す価値」から最重要なひとつに絞り込む。独自の強み＝USPを引き出すのはなかなか難しい。しかし、たった2つに分別するだけで、絞り込むことがラクになる。

戦略を描き終えたら、グイッと惹きつけるPART2へ進んでいこう。

《コラム》
事例じゃなく、事件です。JALとJR東海が大ゲンカ!?

（キャッチコピー）

「のぞみへ。先に、行ってるね♡」

このハートマーク付きのかわいらしいキャッチコピーは、誰が誰に向けたものだろうか？

実際のクリエイティブ（→67ページ）は、伝言板に女性らしき丸文字の筆跡で書かれ、友人の「のぞみちゃん」に残したメッセージのように見える。

しかし、その見た目のかわいらしさとは真逆に、その舞台裏はえげつない。かなり挑発的かつ戦略的なコピーである。

このキャッチコピーのサブコピーは、
「空は、速い。空は、安い。〜JALで飛ぼう。」だ。

これは、日本航空（JAL）がJR東海をもろに意識したコピーだ。
このJALが打ち出したコピーは、戦略があってつくられたコピーの典型例と言えよう。

背景には、2003年に東海道新幹線に新駅・品川駅が誕生し、新幹線の最高速度が270キロに高速化されたことがある。東京・新大阪間は約2時間20分台に、東京・名古屋間は約1時間30分台に大幅短縮。品川駅誕生によって、さらに利便性がよくなった。

そこで焦ったのが航空各社。なぜなら、飛行機の東京発着地である羽田空港は、利便性があまりよくない。飛行機は時間も不正確で、便数も新幹線には遠く及ばない。そこへきて、競合である新幹線の利便性向上と高速化は相当な脅威になったのだ。

JALは、絞り込むべき最重要提供価値を「スピード」に決断し、徹底訴求。見えるコピーとして、名指しでのぞみ号を挑発したのであった。

このコピー、なかなか面白いが、戦略なくしては生まれてこなかった。
「見えない戦略」から「見えるコピー」にはこんな過程があったはずだ。

●**ターゲット**
　新幹線で、大阪、名古屋方面を行き来する客
●**絞り込むべき最重要提供価値（何を言うか＝What to say）**
　スピード（飛行機は、新幹線より圧倒的に速いのだよ）
●**コピー（どう言うか＝How to say）**
　「のぞみへ。先に、行ってるね♡」

PART 1 の要点から、秀逸な点が 3 つある。
　1）ターゲットを明確にしている
　2）比較対照して、自社の優位性（USP）を絞り込んでいる
　3）USPを巧みにキャッチコピー化している

競合相手にキツイ皮肉を込めたコピーは賛否両論分かれるところもあるが、この事例から学べるのは、

「**新幹線乗客**(ターゲット)×**スピード**(提供価値)」

という戦略を考えぬいている点だ。
「新幹線より、飛行機のほうがずっと速いですよ」と言いたいのだ。
繰り返すが、「どう言うか」より「何を言うか」のほうが重要だ。

「空は、速い。空は、安い。
のぞみへ。先に、行ってるね♡
JALで飛ぼう。」

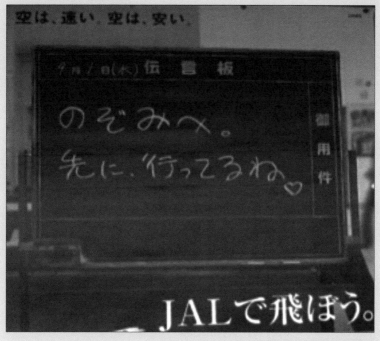

出典:日本航空株式会社(看板広告)

しかし、2003年にこの広告でケンカを売られた後、JR東海も黙ってはいなかった。2007年にちゃんとやり返している。

「地球温暖化防止のために、できること。 新幹線でECO出張

東海道新幹線のCO_2排出量は航空機の約10分の１。」

出典：東海旅客鉄道株式会社（WEB）

JALの飛行機が「スピード」なら、JR東海の新幹線は航空機をにらみつけ、「環境にやさしい」を訴求したわけだ。

「飛行機乗客(ターゲット)×環境にやさしい(提供価値)」

「飛行機なんかより、環境にやさしい新幹線を選びましょうね」が戦略で描き出されたメッセージだ。

　日本を代表する大企業が「コピーライティング」を通じて、相手を名指しで呼び合い、ビンタを張り合っている。野次馬として見ている分には面白いが、これから日本の将来を担う子どもたちへは、大人の手本として見せられるものではない。

　しかし、このコピー合戦の話には、まだ続きがある。

　なんと、その後、両社は仲よく手を組んだのだ。

出典：株式会社ジャルパック（WEB）

「夢の競演ツアー」と銘打ち、2014年に共同企画を発表。この背景には、同年に「ジャルパック」（JALの旅行ブランド）と「東海道新幹線」が偶然にも開業50周年を迎えたことがある。

このことで、共同企画が誕生したのだ。

「50周年記念　夢の競演ツアー！〜大人も子供も乗り物好きにはたまらない！　こんな企画はめったにない！　ワクワクドキドキの特別な2日間！」というコピーは、両巨頭がビンタを張り合った事件を知っていると、なんだか感慨深い。50周年という半世紀に1度のチャンスに、雪解けの手打ちをしたのであれば、子どもたちの手本になる大人的対応と言えよう。

　見えるコピーの裏には、必ず**見えない**戦略が働いている。コピーライティングに透けて見える戦略。これを眺めるのもまた面白い。

PART 2

★★★

グイッと惹きつける

【超訳】
『ザ・コピーライティング』

1分でわかる『ザ・コピーライティング』攻略のツボ

「書くな、考えろ！」という前PARTの作業が終わったら、いよいよコピーライティングのステップに入る。

では、コピーライティングで最も重要なことは何か？

そのヒントは、1932年に原書が発刊（邦訳は2008年）された成果実証済コピーライティングのバイブル、ジョン・ケープルズ著『ザ・コピーライティング』（以下、『ザ・コピ』）にある。

このバイブルの要諦は、1962年のTIME誌で「広告産業において最も信頼される人物の１人」と称され、「広告の父」と呼ばれたデビッド・オグルヴィが、『ザ・コピ』11〜12ページに書いた「まえがき」７項目のうちの３項目がヒントになる。

「広告の父」「広告王」とも称されるオグルヴィが、「**コピーを書くことについていま持っている知識のほとんどを身につけた**」と『ザ・コピ』を振り返っている。

「まえがき」として、書かれた言葉は、全部で７つある。この７つの言葉から成る"示唆"が『ザ・コピ』のすべてを、そしてコピーライティングのすべてを表していると言っても過言ではない。

その言葉を、ここに借りよう。

「広告の父」デビッド・オグルヴィによる第4版へのまえがき

(原文そのまま)

1．成功（最大限の費用対効果）へのカギは、広告のあらゆる要素を絶えずテストすることにある。
2．どう言うかより、**何を言うか**のほうが重要。
3．ほとんどの広告では、**見出しが1番重要**。
4．1番効果的な見出しは、相手の「**得になる**」とアピールするか、「**新情報**」を伝えるもの。
5．中身のない短い見出しより、**何かをきちんと伝えている長い見出し**のほうが効果的。
6．一般的な内容より、**具体的な内容**のほうが信用される。
7．短いコピーより、**長いコピー**のほうが説得力がある。

出典：『ザ・コピーライティング』11〜12ページ

　多くの人が、一見カッコいい短いしゃれたコピーを好み、長くて泥臭いベネフィットのあるコピーを好まない傾向にある。

　売れるコピーはそうではないのだ！　そう、教えてくれている。

　上の7つのうち、特に**1、3、4の3つは最も重要**だ。

1．成功（最大限の費用対効果）へのカギは、広告のあらゆる要素を絶えずテストすることにある。
3．ほとんどの広告では、**見出しが1番重要**。
4．1番効果的な見出しは、相手の「**得になる**」とアピールするか、「**新情報**」を伝えるもの。

この3項目をもう少しだけ補足していきたい。

●成功（最大限の費用対効果）へのカギは、広告のあらゆる要素を絶えずテストすることにある

→テスト！　テスト！　テスト！　これは、私もかけだしの頃からダイレクトマーケティングの先輩から口酸っぱく言われてきた鉄則である。

効果検証（テスト）する理由は、**顧客が売れるコピーの答えを常に持っており、それはテストして初めて引き出せるからである。**

●ほとんどの広告では、見出しが1番重要

→見出しとは、**キャッチコピー**である。キャッチコピーで見てもらえなければ、どんな説得力あるボディコピーもうまく機能しない。キャッチコピーで惹きつけられなければ、肝心のボディコピーも読んでもらえないのだ。

●1番効果的な見出しは、相手の「得になる」とアピールするか、「新情報」を伝えるもの

→読み手の心理にまで踏み込んだシンプルな法則。「得になる」と「新情報」に加え、さらに2つの要素を加えた「4要素」も後ほど紹介する。

『ザ・コピ』の中でも「**見出し**」という語句が頻出し、非常に重要だと言っている。ここで言う「見出し」とは「キャッチコピー」であるが、『ザ・コピ』全18章の中で2割超の**4章分**を見出し（キャッチコピー）にさいている。著者のケープルズ自身が、それでも多すぎることはないと断言しているくらいの重要箇所だ。

上記の引用からさらに**超訳**する。読者は、PART2のキモとして、ここだけを外さず覚えておけばいい。

PART 2
74

【 超訳 】
成果実証済キャッチコピーを使い倒せ!

　売上倍増のノウハウを10倍速で学べるノウハウの真骨頂は、この超訳にある。なぜなら、キャッチコピーを学ぶにあたり、最も時間がかかる検証の手間が省け、最短ルートを歩めるからだ。

これがキャッチコピー最強の法則!
「検証済35の型」を一挙紹介

　『ザ・コピ』でキャッチコピー（見出し）にさいているのは全体の2割超。つまり8割弱がキャッチコピー以外の内容だ。

　しかし、その他8割弱を捨ててでも、2割超のキャッチコピーだけを学べばいい。なぜなら、キャッチコピーが重要であることはもちろんだが、『ザ・コピ』には仮説ではなく、すでに**検証済の高反応キャッチコピーの型**が惜しみもなく紹介されているからだ。

　その該当箇所は「計37ページ」にわたり紹介されているが、全体のわずか**8％超**にすぎない。だが、『ザ・コピ』の中で、最も稀少価値が高い。

　なぜ稀少なのか?

　それは、「うまくいった広告」「うまくいかなかった広告」をすべて検証し、振り分けて、「うまくいった広告」の傾向から法則を抜き出す作業を行っているからだ。その検証例は、幾百、幾千にのぼるだろう。

グイッと惹きつける

75

このプロセスは、極めて面倒だ。成功している企業ではA/Bテスト（２つのコピーを同条件でテストすること。別名、「スプリットラン・テスト」）を実施してノウハウを蓄積しているが、どこにも門外不出として公開されていない。

しかし、『ザ・コピ』では、それをまったく惜しむことなく公開している。使わない手はないというわけだ。

では、どんな法則が抜き出されたのだろうか？
『ザ・コピ』では、オグルヴィの「相手の得」「新情報」の２つに加え、**合計４つの法則**が発見されている。

●**得になる**
　読み手は常に「**ベネフィット（得）**」を求めている

●**新情報**
　読み手は常に「**新しい情報**」を欲している

●**好奇心**
　読み手は常に「**好奇心×得×新情報**」を求めている

●**手っ取り早く簡単な方法**
　読み手は常に労せず「**益**」を求めている

今回、これらの法則を体系化し、５ジャンル「35の型」を文例付きで紹介した。エッセンスとなる37ページを１ページに「超訳」したのが、次の図表となる。

【1枚超訳・キャッチコピー「最強35の型」】

訴求	効果		キャッチコピーの型
新情報訴求	「新情報見出し」は、新しい提案になるので、注意を惹きやすく、集客効果が見込める	1	「ご紹介」で始める
		2	「発表」で始める
		3	「発表のニュアンス」がある言葉を使う
		4	「新」で始める
		5	「いま、さあ、ついに」で始める
		6	「とうとう、いよいよ」で始める
		7	「日付や年」を入れる
		8	「ニュースネタ風」にする
価格訴求	何を売る場合でも、最も重要なのは「価格」。人は小さな文字であっても、「価格」を追う習性がある	9	「価格」をメインにする
		10	「割引価格」をメインにする
		11	「特価品」をメインにする
		12	「支払いの簡単さ」をメインにする
		13	「無料提供」をメインにする
情報・エピソード訴求	新しい情報を記事風にすることで、注目度が高まる	14	「役に立つ情報」を提供する
		15	「エピソード」を伝える
キーワード訴求	リズムが出て、書き手が書きやすく、説明が具体的になる	16	「○○する方法」とする
		17	「どうやって、このように、どうして」とする
		18	「理由、なぜ」を入れる
		19	「どれ、どの、(このような)」を入れる
		20	「他に(誰か)」を入れる
		21	「求む」を入れる
		22	「これ、この」で始める
		23	理由の「〜だから」を入れる
		24	仮定の「(もし)〜なら、(もし)〜しても」を入れる
		25	「アドバイス」という言葉を入れる
その他訴求	変則的だが、使用方法によって、グ〜ンと注目度が高まる	26	「証言スタイル」にする
		27	「読み手を試す質問」をする
		28	「1ワード見出し」にする
		29	「2ワード見出し」にする
		30	「3ワード見出し」にする
		31	「いまはまだ買わない」ように伝える
		32	広告主から相手に「直接」語りかける
		33	「特定の個人やグループ」に呼びかける
		34	「質問形式」にする
		35	ベネフィットを「事実と数字」で伝える

グイッと惹きつける

キャッチコピー「最強35の型」の使い方

「最強35の型」の使い方は、とてもシンプルだ。

徹底的にマネをすればいい。

　戦略を練り終えて、何を言うか（What to say）が決まったら、いよいよ、どう言うか（How to say）に行きつく。そこで、「最強35の型」が重宝される。

　具体的には、次の3段階で進める。

●第1段階：方針を決める

　戦略が決まったら、次はコピーの方針だ。「35の型」は、前ページの1枚超訳のとおり、大きく5つのジャンルに分かれる。大まかに5つの中から、何を使うべきかの方針を決めておくといい。

・新情報訴求

・価格訴求

・情報・エピソード訴求

・キーワード訴求

・その他訴求

●第2段階：マネをする

　ジャンルの見当をつけたら、例文を見ながら、マ̇ネ̇をすればいい。マ̇ネ̇がはかどるように、以下の順で紹介していく。

・文法：語句をどのように組み合わせるかを例示

・基本例文：基本的なキャッチコピー例文

・事例：実際に応用展開したキャッチコピー事例

・ポイント：事例を中心としたポイントなどを解説

●第3段階：入れ替える

読者が自分が売りたい商品やサービスの主語を入れ替えるだけでOK。

すでに検証済の法則なので、疑うことなくどんどん試してみてほしい。

では、さっそくキャッチコピー「最強35の型」を紹介しよう。

5ジャンルのはじめは、「**新情報訴求**」の**最強キャッチコピー**「**8つの型**」からだ。

「新情報訴求」の最強キャッチコピー「8つの型」

人は常にニュースを欲している。ニュースとは新しい情報だ。

人は新しいものに惹かれ、新しいものを求める。レンタルDVDショップに行くと、ついつい「NEW（新着）」ステッカーに目が行く。

その習性を利用すれば、「新情報」は常に書き手からの新しい「発信」となり、読み手には新しい「提案」に映る。ラクに注意を惹くための型は8つある。

	「新情報訴求」8つの型と主な実績
1	「ご紹介」で始める →実績：前年売上比**3倍！**（→P81）
2	「発表」で始める
3	「発表のニュアンス」がある言葉を使う →実績：国内シェア**6割**、圧倒的**No.1**シェア！（→P84）
4	「新」で始める →実績：市場参入は後発ながら、国内シェア**2位！**（→P86）
5	「いま、さあ、ついに」で始める
6	「とうとう、いよいよ」で始める
7	「日付や年」を入れる →実績：**4か月**で**8.4億円**売上、**完売！**（→P92）
8	「ニュースネタ風」にする →実績：**20年以上**にわたり、国内シェア**No.1！**（→P98）

PART 2

型1

「ご紹介」で始める

●文法

| 紹介します | + | 未知の商品・手法 |

| 未知の商品・手法 | + | をご紹介 |

●基本例文

「ご紹介します！　これまでにないまったく新しい○○です」

●事例

「ダイソンから、愛犬家のための画期的な 新商品をご紹介します。」

ダイソンから、愛犬家のための画期的な新商品をご紹介します。

出典：ダイソン株式会社（WEB）

●ポイント

「**ご紹介**」とは、あたかも知っている人からすすめられている語感が強く、受け手には安心がある。また、「ご紹介」の前後にくるのは未知の情報のため、注意が惹きつけられやすい。この習性を利用して、「新情報」で注目させてみよう。

　ダイソンの事例は、「**愛犬家（ターゲット）×毛を吸い取る吸引力**（提供価値）**＝従来の掃除機では解決できなかった新しい機能**（何を言うか）」が描き出されている。

「ご紹介します」の型にならい、愛犬家まで拡げてシェア拡大戦略を続けているダイソンの2014年度の全世界売上は、前年比113％となった。

　特に、日本を含むアジア地域は、牽引役となり**前年比120％**だ。とりわけ、日本市場のコードレス掃除機の前年売上比は**3倍**にまで拡大している（出典：「IT Media」2015年9月7日）。

グイッと惹きつける
81

型2 「発表」で始める

●文法
発表 ＋ 未知の商品・手法
未知の商品・手法 ＋ 発表会

●基本例文
「重大発表です！　ついに出たんです、こんな便利な○○が！」

●事例

「au新商品発表会」

出典：KDDI株式会社（WEB）

●ポイント

「発表」には晴れの日のイメージがあり、それだけでイベント性があり、注目されやすい。季節性があるので、旬な集客を狙う際に効果的だ。

　本事例の場合、「**旧機種ユーザー**（ターゲット）×**どこにも出ていない新機種**（提供価値）＝**新登場のワクワク感**（何を言うか）」が描き出され、「**新・発表**」を使うことで、余計なコピーを必要とせず、簡潔に言いたいことを表現している。

型3
「発表のニュアンス」がある言葉を使う

●文法

新発表・新発表ニュアンス ＋ 未知の商品・手法

対象者 ＋ 新発表・新発表ニュアンス

●基本例文

「ご覧ください、まったく新しいコンセプトの○○です！」

●事例

「マヨネーズをあきらめた人に、新発売。」

出典：キユーピー株式会社（新聞広告）

グイッと惹きつける
83

「4月、入間が変わる。三井アウトレットパーク入間　リニューアルOPEN！」

出典：三井不動産商業マネジメント株式会社（WEB）

● ポイント

　新製品や改良製品を市場に出すときは、「新発表」と書かずとも、「**新しい発表のニュアンス**」を出すと注目されやすい。「新しい発表のニュアンス」を醸しだすことで注意を惹くことができる。

　キユーピーの事例は、「**高カロリーを気にする層（ターゲット）×カロリー大幅カット（提供価値）＝ヘルシー（何を言うか）**」が戦略だ。新発売という発表のニュアンスを使うことで、なじみのある商品だが、従来品にはない**まったく新しい提案**というメッセージを高めている。

　そのキユーピーは、国内マヨネーズの**6割**という**圧倒的No.1シェア**だが、それに慢心することなく、広告事例のように新たな層を開拓するコピー提案で攻め続けている。

　2014年度のマヨネーズ事業の売上、企業全体売上ともに圧倒的シェアをさらに高め、**前年比104%**と堅実に数字を積み上げている（出典：キユーピー株式会社決算資料）。

型4
「新」で始める

●文法

新発表・新発売 ＋ 未知の商品・手法

対象者 ＋ 新発表・新発売

●基本例文

「新登場！　新型機能が標準装備されているのは当社の○○だけ！」

●事例

「新、百年品質。新、伊右衛門。」

出典：サントリー食品インターナショナル株式会社（新聞広告）

●ポイント

とにかく人は従来品より**新製品**に目が行くものである。

キャッチコピーの冒頭で「**新**」とうたって目を惹き、本文コピーで従来品との違いをゆっくり説明しよう。

たとえば、「新発売」「新登場」「新型」「新手法」「新モデル」「新製品」「New」「とれたて」など、新しさを感じる表現はたくさんある。

本事例でうまいのは、「**新**」という短期的な斬新さを表す言葉の直後に「**百年品質**」という**長期的な**言葉を持ってきていることだ。

伝統品がリニューアルされることを短文で印象づけている。

商品の「伊右衛門」は、品のいいたたずまいでリニューアルを訴求しているが、その素性は市場を牽引した暴れん坊だ。

2004年、キリン「生茶」の後発として市場参入すると、たちまち大ヒット。「第2次緑茶戦争」と呼ばれる競争環境をつくりだし、2000年の緑茶市場規模2171億円を2005年には**約2倍**となる4470億円へと拡大させるきっかけとなった。

市場参入は後発ながら、現在は「生茶」を抜いて、**国内シェア2位**をつかみ取っている（出典：吉田満梨［2010］「マーケティング・ジャーナル Vol29. No.3」）。

型5
「いま、さあ、ついに」で始める

●文法

いま、さあ、ついに ＋ 未知の商品・手法

●基本例文

「ついに出ました、待望の○○。さあ、いますぐお試しください」

●事例

「いま、限定『桑田缶』先行モニターキット、1万名様にプレゼント！」

出典：サッポロビール株式会社（新聞広告）

「さあ、旅に出よう。北海道へ。」

出典：新日本海フェリー株式会社（新聞広告）

●ポイント

「**いま、さあ、ついに**」は、リーダーが発するような**緊急性**があり、強い誘導力を発揮する。

また、すぐに行動しなければならないような語感がある。訴求した内容の前に置くことで、行動を促すような注目度が期待できる。

2つの事例の共通点は、**期限**が区切られていることだ。

ひとつ目の事例（サッポロビール）は、キャンペーンの応募〆切日。

2つ目の事例（新日本海フェリー）は、小さい文字で出航日や旅程がしっかりと書かれている。**決められた期日に顧客にアクション**を促したいようなキャンペーンやイベントのコピーに最適だ。

型6
「とうとう、いよいよ」で始める

●文法

とうとう、いよいよ ＋ 未知の商品・手法

●基本例文

「お待たせしました。いよいよ○○の発売開始です」

●事例

「プロ野球いよいよ開幕！
　ncmは、セ・パ12球団
　試合開始から終了まで生中継！」

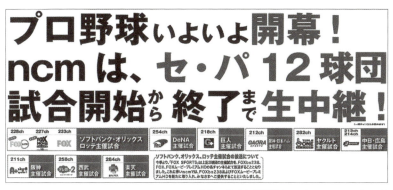

出典：株式会社長崎ケーブルメディア（WEB）

●ポイント

「とうとう、いよいよ」には、これから新しい何かが登場する語感がある。ワクワクする気分を高揚させることができるのだ。

　人が新しいものに惹かれる習性を利用し、訴求した内容の前に「とうとう、いよいよ」を置くことで、目を惹く効果が期待できる。

型5（いま、さあ、ついに）と同様に、「とうとう、いよいよ」も**時間的制約がある戦略**に効果的だ。

事例は、ケーブルテレビ会社が視聴コンテンツの充実度をアピールするコピーである。

間近に迫るイベント（プロ野球開幕）を心待ちにする視聴者を惹き寄せることが狙いだ。

時間的制約がある戦略に効果的だというのは、「とうとう、いよいよ」には「旬」があるからだ。

事例の場合、4月に打ち出してもまったく意味がない。日本のプロ野球開幕は、毎年3月下旬と相場が決まっているから遅きに失している。したがって、プロ野球開幕の旬を利用するならば、3月中旬までが、目を惹きつけられる「旬」となる。

型7 「日付や年」を入れる

● 文法

| 日付 | + | 未知の商品・手法 |

| 未知の商品・手法 | + | 日付 |

● 基本例文

「○○年夏、引き締まったカラダでライバルに差をつけませんか」

● 事例

「8月11日解禁」

出典：カゴメ株式会社（WEB）

● ポイント

　数字は万国共通でもあり、とかく目につきやすい。直近の日付を入れ

グイッと惹きつける

るだけで身近に感じられ、行動を起こしやすくなる。ただ、記載した日付をすぎると急速に陳腐化するので、季節性ある商品にぴったりだ。

紹介事例は、「カゴメトマトジュースPREMIUM」である。

720mlの店頭想定価格が290円（税抜）前後と通常品に比べて100円ほど高額だ。満を持しての新商品投入であり、「8月11日」という日付を入れることで、新商品が登場するというフレッシュ感を演出している。

結果は、**4か月で8.4億円の販売目標があっさり達成**され、限定として用意された品は高額にもかかわらず、**完売**。その後、同社ホームページに掲げられた「完売のお知らせ」を見ると、買えなかったことで、さらなる購買意欲がかき立てられる（出典：カゴメ株式会社ニュースリリース）。

出典：カゴメ株式会社（WEB）

ちなみに、「**日付や年**」を入れるのは、「**新情報**」として目を惹きつける「**（顧客への）社外的**」意味があるが、もうひとつ「**（スタッフや関係者への）社内的**」な意味合いもある。

「日付や年」は、「社内的」には目標となるからだ。鉄道、飛行機、道路などの新しい交通インフラ広告案内には、必ず「日付や年」が入る。それを宣言することで、多くの利用顧客へ向けた**「社外的期待感」**、そしてサービスを提供する大勢の関係者へ向けた**「社内的プレッシャー」**を同時に与えているのだ。

　新製品リリースは、プロジェクトであることが多い。

　そして、プロジェクトは、期日ギリギリまで準備に追われるのが常だ。顧客が心待ちにする期日を掲げることで、関係者から火事場のバカヂカラを引き出すことができる。

　交通インフラ事業ほどの大プロジェクトでなくても、身近な新サービスや新店舗の案内でも同様である。

　もし、あなたが多くのメンバーを率いて、新リリースを控えているのなら、2つの意味合いをうまく利用してみるといいだろう。

「3・26　2016
　物語がはじまる、北海道新幹線。」

出典：北海道旅客鉄道株式会社（WEB）

「3.14開業」

出典：東日本旅客鉄道株式会社（WEB）

「2015年3月7日16時 いよいよ開通」

出典：首都高速道路株式会社（WEB）

「新東名　4月14日　15時開通」

出典：中日本高速道路株式会社（WEB）

「3.12　九州新幹線全線開業」

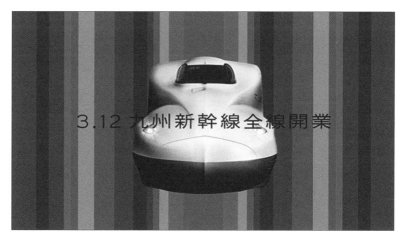

出典：九州旅客鉄道株式会社（WEB）

型8
「ニュースネタ風」にする

●文法

発見・日本初・ニュース記事タッチ ＋ 未知の商品・手法

●基本例文

「編集部が新体験！ ○○には、こんな効果があるんです！」

●事例

「"おいしさの集大成"がボトルにギュッ！
『お〜いお茶』が新しくなりました。」

出典：株式会社伊藤園（新聞広告）

「日本初 "野菜の力" で
LDLコレステロールを下げる」

出典:サンスター株式会社（新聞広告）

「マルコポーロが見たのは幻の薬鶏であった。」

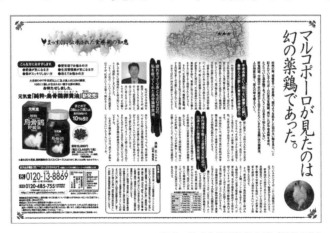

出典:株式会社元気堂本舗（新聞広告）

●ポイント

　ニュースネタ風にするメリットは２つある。

「信ぴょう性」が増し、「新鮮情報」に見えることである。

　どちらも読み手にとって、肯定的な要素だ。

　ニュースネタ風にする場合、注意しなければならないのは、**掲載するメディアの影響を受ける**ことだ。

　自社メディアなど、客観性が低いメディアの場合、ニュースネタ風にすると効果が見込めないばかりでなく、警戒心と不信感を与えてしまう。メディア選びも慎重に行いたい。

　３つの事例で共通しているのも、新情報をニュースネタ風にキャッチコピー化していることだ。

　２つ目（サンスター）と３つ目（元気堂本舗）のコピーで特徴的なのは、新聞記事風に縦組みのキャッチコピーにして、**新聞という信ぴょう性あるヘッドラインに酷似させている点**である。

　ひとつ目の伊藤園の「お〜いお茶」は、競争激しい緑茶飲料市場で**20年以上にわたり、国内シェアNo.1**を保持し続け、その占有率はダントツの**40%**だ（出典：石井淳蔵「プレジデント」2010年1月18日号）。

　その成果の裏には、**リニューアルを信ぴょう性ある方法で案内する本事例のような地道な努力がある。

PART 2
98

「新情報訴求」8つの型・
現場で使える3つの超訳ヒント

〖 超訳ヒント1 〗○ こんな商品に合う
「新商品」「キャンペーン」「イベント」が
最適

　書き手にとって新商品や季節性イベントを訴求することの悩みは、
「売れるのか」「人が集まるのか」である。

　新商品の発表、期間限定のキャンペーン、開催日時が決まっているイ
ベントは、フタを開けてみないと反応がわからない。

　そんなときは迷わず、「新情報訴求」を使うといい。顧客は常に新し
い情報を求めている。そこにピントを合わすのだ。

〖 超訳ヒント2 〗× こんな商品には合わない
「従来商品」や「ロングセラー」には
向かない

「新」は、それだけで目を惹きつけるコピーになるが、不向きなのは、
変わりばえしない従来商品やロングセラー商品だ。

　マイナーチェンジした機能だけを取り出して「新」と銘打つことも可
能だが、説明が長くなり、あまり新登場感を演出できない。

グイッと惹きつける
99

【 超訳ヒント3 】新情報訴求コピーのテクニック
「季語」「ベネフィット」「タイミング」

　新情報訴求コピーを書くテクニックを3つ紹介しよう。

▶【テクニック1】季語
「寒くなったら〜」「暑い夏を乗りきる〜」「バレンタインには〜」という季語を組み合わせると、新登場の臨場感がグッと増す。

▶【テクニック2】ベネフィット
　少しでもレスポンスや売上を上げるには、「新情報」のコピーに**オファー**（**特典**）を組み合わせると効果絶大だ。なぜなら、読み手のベネフィットに直結するからだ。

　たとえば、以下が組み合わせるオファー候補になる。
「いまだけプレゼント」
「○月○日までに予約限定で○○プレゼント」
「先着○○名様」
「日本限定○○台」

▶【テクニック3】タイミング
　新商品リリース当日から逆算して、「1か月前」「1週間前」「当日」「1週間後」「1か月後」「3か月後」と定期的なマイルストーンで訴求し続けるといい。

　また、そのタイミングによって、少しずつ表現を変えるのも臨場感を上げるテクニックだ。

　これら3つのテクニックの好例が、「年末ジャンボ宝くじ」だ。

PART 2

「本日限り　億万長者が210人
年末ジャンボ３億円」

出典：全国自治宝くじ事務協議会・宝くじ公式サイト（WEB）

　宝くじ購入者の大多数が外れるのに、マンネリ感もなく長く続いているのはなぜか？

　宝くじの魅力もさることながら、人を惹きつけてやまない３つのテクニックがコピーライティングに散りばめられているからだ。

　過去に１度でも宝くじを購入した人数は、2013年には**8344万人**に達している。母集団人口（満18歳以上の男女）から見ると、**78％**という圧倒的な購入体験率だ。まさに**３人に２人以上**を購入せしめているのは、外れることを忘れさせ、当選の夢を見させる巧みなコピー表現が効いている（出典：一般財団法人日本宝くじ協会調査）。

「価格訴求」の最強キャッチコピー「5つの型」

　購買行動で最重要なのは、「価格」。水は低きに流れるように、価格が安いほうに人気が集まるのは世の常。人は常にメリット・ベネフィットを求め続け、「価格」を追う習性がある。

　その習性を最大限に利用するために、「価格」をキャッチコピーに使おう。「価格訴求」の型は5つだ。

	「価格訴求」5つの型と主な実績
9	「価格」をメインにする →実績：8日間で、取扱高前年同月比**115%**！（→P104）
10	「割引価格」をメインにする →実績：激戦市場で、料金満足度**No.1**！（→P106）
11	「特価品」をメインにする →実績：閑散期ながら売上**114%**、 　　　　動員客数前年同月比**120%**！（→P108）
12	「支払いの簡単さ」をメインにする
13	「無料提供」をメインにする →実績：したたかなキャンペーンで売上前年同月比**123%**！ 　　　　（→P113）

PART 2
102

型9 「価格」をメインにする

●文法

価格 ＋ 商品・サービス

●基本例文

「5000円ポッキリでこれだけのサービス」

●事例

「総額1億円プレゼント」

出典：イオンフィナンシャルサービス株式会社（新聞広告）

「40周年ありがとう。ドーナツ100円セール」

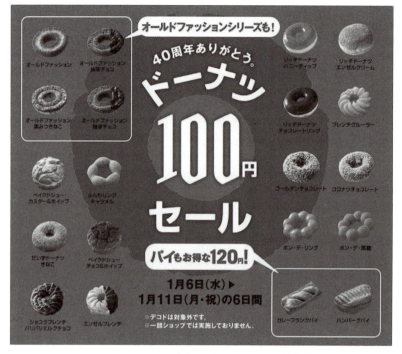

出典：ミスタードーナツ（株式会社ダスキン、WEB）

●ポイント

　極端に高いか、安いか、**インパクトのある価格**を前面に押し出すと、否応なしに目が惹きつけられる。中途半端な価格ではなく、極端な価格のほうが、効果絶大だ。

　イオンの事例の場合、「1億円」の「1」を**筆文字**で描き出し、ミスタードーナツの場合、「100円」の「100」を**100円玉文字**に似せることで、目を惹きつける工夫をしている。

　イオンは、わずか8日間のキャンペーンだったが、カード取扱高が前年同月比**115%**という実績につなげている（出典：イオン株式会社2013年1月度営業概況より）。

型10 「割引価格」をメインにする

●文法

商品・サービス ＋ 割引価格

●基本例文

「1万円のところ、なんと 3割引！」

●事例

「スマホ2台目　半額」

出典：Y!mobile（ソフトバンク株式会社、WEB）

「ピザも半額！ 寿司も半額！」

出典：楽天株式会社（WEB）

●ポイント

　割引価格は、最強セールスプロモーションのひとつである。

　これを大きく見せることで、「何が何でも得したい」という気持ちに火をつけることができる。

　両事例ともに、割引価格を大文字化する、赤バックに白字化することで、目が留まるように工夫している。

　とりわけ、「**半額**」の文字は目に飛び込んでくるので、「○○割引」より効果絶大だ。

　それが証拠に、ひとつ目の事例の「Y!mobile」は、通信キャリアがひしめく激戦市場で、**スマホ料金満足度No.1**を獲得している（出典：「モバイルアワード2015」）。

型11
「特価品」をメインにする

●文法

商品・サービス ＋ 特価品・特価表現

●基本例文

「30日分のサプリメントを1000円特価でご提供」

●事例

「各店限定各5セット
　4本¥10,800　タイヤが安い！」

出典：株式会社イエローハット（新聞広告）

グイッと惹きつける
107

「話題の新作、すべて超特価!!　誕生感謝祭」

話題の新作、すべて超特価!!
誕生感謝祭
5/24金 25土 26日 27月
29周年のユニクロから「ありがとう」のきもちをこめて。
お客様の日頃のご愛顧に感謝の気持ちをこめて、わたしたちのご代表作を驚きの感謝祭特別価格で
ご用意しました。その他日替わり限定商品など目玉商品が続々！ご来店を心よりお待ちしております。

誕生感謝祭
29th
UNIQLO

出典：株式会社ファーストリテイリング（WEB）

●ポイント

　特価品は、目を惹かせるだけでなく、購入に結びつきやすくなる。

　肝心なのは、特価とは特別価格なので、ある程度比較できるような案内が好ましい。つまり、誰が見ても安いという相場で勝負するか、横に置いた通常価格に大きく×印を書き、特価品を大きく目立たせるなどが効果的だ。**在庫処分時に使うと効果抜群**である。

　ひとつ目のタイヤの事例は、1本数万円×4本だと数十万円になる相場感があるところへ、「4本1万800円」という特価品を大きく訴求している。戦略としては、限定5セットの特価品を客寄せパンダとして、来客を促進し、他商品を購入してもらうのが狙いだ。目に見えにくい戦略を、特価品でキャッチコピー化している典型例だ。

　2つ目のユニクロの事例は、話題の新作をすべて超特価にした4日間限定キャンペーンである。ゴールデンウィークで落ち込む5月ながら、売上は前年同月比**114%**、動員客数は**120%**と特価訴求が奏功している（出典：株式会社ファーストリテイリング「2013年5月月次データ」より）。

PART 2
108

型12
「支払いの簡単さ」をメインにする

● 文法

| 商品・サービス | + | 支払いの簡単さ |

| 支払いの簡単さ | + | 商品・サービス |

● 基本例文

「月々自動的に15％割引されるのは定期購入だけ！」

● 事例

「LTEパケット代が、
　わずか900円（税込972円）／月から。」

出典：エヌ・ティ・ティ・コミュニケーションズ株式会社（新聞広告）

「ノーローンなら なんどでも １週間無利息。」

出典：シンキ株式会社（WEB）

●ポイント

　古典的な手法だが、分割払い購入を案内すると、売れることが実証されている。購入負担が少ないからだ。

　高価格を「月単位」にして細かく分解して見せるのも、同様の効果が得られる。支払い負担や支払いの煩雑さが少ないことは、顧客の大きなメリットになる。

　「支払い」は義務だ。その義務感は、カンタンで負担が少ないほうがメリットに直結する。

　携帯電話料金など継続的に支払うサービスは、月額１万円とすれば10年間で100万円を超す高額商品。家族分も支払う世帯主の出費は、その数倍だ。その高額品を月額、日額などに割り戻すと、高額品が「**低額品**」に見えてくる。

　ひとつ目の事例は、長い目で見たら高額だが、支払いは「低負担」であるよう見事にキャッチコピー化されている。

　２つ目の事例も、借入に対して「１週間無利息」というベネフィット（得）を与え、その利用を喚起させている。

型13
「無料提供」をメインにする

●文法

商品・サービス ＋ 無料提供

無料提供 ＋ 商品・サービス

●基本例文

「毎週○曜日は、女性無料！」

●事例

「買った分だけ、タダになる！
0円にしちゃいます抽選会」

出典：イオン株式会社（WEB）

「コーヒー好きな方必見！ マシン代金無料」

出典：ネスレ日本株式会社（WEB）

「6月9日(水)は ビール1杯無料！」

出典：株式会社楽天野球団（WEB）

「学生！ 家族！ 3年！ 0(タダ)」

出典：ソフトバンク株式会社（WEB）

●ポイント

　割引価格は、最強のセールスプロモーションのひとつである。中でも「無料」は最たるものだ。顧客は常に無料情報を探している。

　しかしながら、ビジネスにおいて無料の乱発は実現しえない仕組みだ。したがって、集客するための客寄せ商品を無料にし、その後、したたかに稼ぐ商品を用意する戦略が不可欠だ。

　4事例の共通点は、客寄せ品を無料にして集客に特化していることだ。集客後にキャッシュを生む商品を用意できれば、無料訴求は有効だ。

　ひとつ目のイオンは0円抽選会後の「ショッピング」、2つ目のネスレ日本はコーヒーマシン代金を無料にして「リフィル」、3つ目の楽天Koboスタジアム宮城はビールを無料にして「入場料・その他飲食」、最後のソフトバンクは基本料無料後の「通話やネット接続料金」で稼ぐ、とキャッシュポイントをしたたかに用意しているのだ。

　イオンの事例は、年末年始の限定キャンペーン告知である。0円抽選会をきっかけに、その条件として買い物してもらうのが狙いだ。

　キャンペーン月は、売上が前年同月比で最大**123%**と、戦略に劣らぬしたたかな結果を残している（出典：イオン株式会社2014年1月度月次営業概況）。

「価格訴求」5つの型・
現場で使える3つの超訳ヒント

【 超訳ヒント1 】○ こんな商品に合う
「入口商品」が最適

商品には2種類ある。客寄せパンダとなる「入口商品」とキャッシュを生む「本商品」だ。

いきなり「本商品」は買いにくいので、「入口商品」を用意することを「ツーステップ・マーケティング」と呼び、古典的ダイレクトマーケティング手法として現在でもよく使われている。

価格訴求は、売り手にとってビジネス効率を悪くさせかねないが、まず「入口商品」、その後に「本商品」が待ち受けている戦略を講じれば、価格訴求コピーは極めて効率的になる。

【 超訳ヒント2 】× こんな商品には合わない
「ブランド品」には向かない

商品やサービスの価値は、通常「価格」で表される。価格訴求コピーにより安い価格を表現すれば、一時的に反応は上がる。

しかし、長い目で見た場合、それらの商品価値は下がる。

したがって、ブランド品や安売りしたくない高付加価値商品には安易に使用しないほうがいい。在庫一掃セールなど、今後売り続けないものなどに限定すべき手法だ。

PART 2
114

〖超訳ヒント3〗価格訴求コピーのテクニック
「数字」「メリハリ」「赤」

価格訴求コピーを書くテクニックを３つ紹介しよう。

▶【テクニック１】**数字**

とにかく数字は、万国共通なので目を惹きやすい。価格訴求なら迷わず、「割引価格」や「割引率」などをバシッと表記する。もちろん「半額」表記も効果抜群だ！

▶【テクニック２】**メリハリ**

数字や「半額」という文字は、読み手のメリットそのものになる。

これらは、他の文字と比較して大きく訴求すると、目に留まる確率がグンとアップする。

▶【テクニック３】**赤**

価格訴求の場合、昔から「赤」を使うことが常套手段として用いられている。商店街の「大安売り」の札もしかりだ。

これら３つのテクニックを使った好例が、次の大塚家具の事例だ。

「生まれ変わるための
第2弾 全館全品 売りつくし 最大50％OFF」

出典：株式会社大塚家具（WEB）

　同社はお家騒動で何かと注目された。

　新経営体制になり、会員制戦略から「一般公開戦略」へ転換した。

　戦略を実行に移すべく、生まれ変わるための覚悟を決めたキャンペーンとして、従来品の在庫一掃セールを巧みに展開した。

　在庫一掃にはどこかもの悲しさが漂うが、「**生まれ変わるための 第2弾 全館全品 売りつくし**」がメッセージなので、リニューアル感もある。

　注意して見ると、ショールームの中の全品が50％OFFではなく、「**最大50％OFF**」とうたっている。

　言い換えれば、その他商品は50％OFF以下、つまり低割引商品が多い

ということだ。

　しかし、広告の中で「**通常販売価格328,320円▶164,000円**」と表記することで、**最大割引インパクト**を効果的に表現している。

　このコピーを展開した同社の月次売上速報（2015年11月）では、売上が前年同月比**131％**と大幅に向上しており、覚悟を決めたキャンペーンは成功をおさめたと言えるだろう（出典：大塚家具2015年11月月次情報）。

「情報・エピソード訴求」の 最強キャッチコピー「2つの型」

人はニュースなどで新しい情報を集める習性がある。

そのため、ニュースを読み慣れている。その筆致をマネ、**役に立つ記事風のコピー**を書くことで、注目度を高めることを狙おう。

また、セールス色が少ない筆致は、**警戒心なく読んでもらえる効果**も期待できる。

「情報・エピソード訴求」では、2つの型を紹介する。

	「情報・エピソード訴求」2つの型と主な実績
14	**「役に立つ情報」を提供する** →**実績：レスポンス人数22万人！**（→P120）
15	**「エピソード」を伝える** →**実績：8年連続売上シェアNo.1！　出荷数量800万袋！**（→P122）

PART 2
118

型14
「役に立つ情報」を提供する

●文法

役に立つ情報

●基本例文

「こうした機能のうち、○○○だけがあなたを安全に守ります」

●事例

「昨年度、6500人に100万円を超える過払い金があり 無事に返金手続きを終えました」

昨年度、6500人に
100万円を超える過払い金があり
無事に返金手続きを終えました

出典：司法書士法人 新宿事務所（WEB）

●ポイント

セールストークなしの記事風コピーは、「売り」につながるいやらしさがない分、**警戒されずに読んでもらえる。**

商品やサービスを押し出すセールスコピーではなく、**役に立つ情報に特化**させることが警戒心をほどくポイントだ。

事例の場合は、掲げた広告の後に、次ページのように、

「過払い金の返金で今の借金がいくら減るのか？ 現金がいくら戻るのか？」

グイッと惹きつける
119

の直後に、「5分ほどのお電話で無料診断いたします」とレスポンスに
つなげるコピーに持ち込んでいる。

「過払い金の返金で
　今の借金がいくら減るのか？
　　現金がいくら戻るのか？」

> ## 過払い金の返金で
> ## 今の借金がいくら減るのか？
> ## 現金がいくら戻るのか？

出典：司法書士法人 新宿事務所（WEB）

　つまり、「役立つ情報」→「問いかけ」→「アクション促進」と巧み
に連携しているのだ。
　事例の司法書士法人 新宿事務所によると、そのレスポンス（相談件
数）は、**11年間で22万人、返金総額600億円**に達しているという（出典：
司法書士法人 新宿事務所HP）。

型15
「エピソード」を伝える

● 文法

体験エピソード または 客観的事実

● 基本例文

「信じられないかもしれませんが、こうして私はひと晩で成績をアップさせました」

● 事例

「なんで、私が東大に。京大に。医学部に。」

出典：四谷学院（ブレーンバンク株式会社、WEB）

「続けやすさを実感しています。」

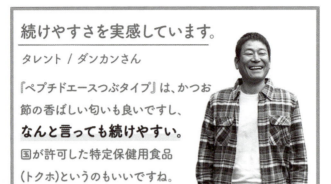

出典：日本サプリメント株式会社（WEB）

●ポイント

　商売気のないエピソードは、人の心に訴えかけることができる。この習性を利用して、エピソードを興味深く書き、目に留まらせることを狙おう。

　ひとつ目の事例は、予備校のコピー。実際の受験者とともに難関校や難関学部名を出して、簡潔なエピソードコピーに仕立てている。

　ちなみに、難関校名は、「早大」「慶大」「北大」「東北大」「阪大」「九大」などがあり、様々なパターンがある。

　2つ目の事例は、"継続使用"を実感させるエピソードコピーだ。

　その成果として、特定保健用食品血圧カテゴリーで、**8年連続通販売上シェアNo.1、出荷数量800万袋超、約8割が継続愛用ご希望**というロングセラーの実績をたたきだしている（出典：2016年、日本サプリメント株式会社HP）。

　両事例ともに、決して商品（ダブル教育／ペプチドエースつぶタイプ）の宣伝ではなく、**自らのベネフィットをエピソードで語っている点**にある。広告主が語るのではなく、**体験者が代理人としてベネフィットを語る**ことが成功のポイント。そうすると、グッと信ぴょう性が増す。

PART 2
122

「情報・エピソード訴求」2つの型・
現場で使える3つの超訳ヒント

〖 超訳ヒント1 〗○ こんな商品に合う
「悩み解決商品」が最適

"gain（満足を得る）"商品より、"pain（痛み・悩み）"を抱える商品のほうが向く。後者のほうが、より切実にクチコミ情報が求められているからだ。

その場合、書き手が恣意的に表現するよりも、第三者が客観的に情報提供するほうが信ぴょう性が増す。

〖 超訳ヒント2 〗× こんな商品には合わない
実績がない「新商品」には向かない

顧客は常に新商品を探すが、自分の悩みを解決する商品に限っては、実績と伝統がある提供先を求めるものだ。その意味で、新商品には実績がない。つまり、情報・エピソードの量が不足しているので、絞り出したところで、底の浅さがバレてしまう。

〖 超訳ヒント3 〗情報・エピソード訴求コピーのテクニック
「天と地のギャップ」「短い期間」

情報・エピソード訴求コピーを書くテクニックを2つ紹介しよう。

グイッと惹きつける

123

▶【テクニック１】 天と地のギャップ

　体験エピソードの「天（理想・結果・After）」と「地（現実・昔・Before）」のギャップをわかりやすく描く。

　そのギャップが大きければ大きいほどインパクトを与えられる。「１年前の自分が、超名門校に合格したなんて信じられない」というギャップそのものが、読み手の悩みであり、解決したい対象だからだ。

▶【テクニック２】 短い期間

「ギャップ」は大きければ大きいほどいいが、「期間」は逆に短ければ短いほどいい。

出典：坪田信貴著『学年ビリのギャルが１年で偏差値を40上げて慶應大学に現役合格した話』（株式会社KADOKAWA）

これら 2 つのテクニックを使った好例が通称『ビリギャル』のタイトルだ。

ベストセラー書籍から映画化したタイトルは、『**学年ビリのギャルが1年で偏差値を40上げて慶應大学に現役合格した話**』と長い。
しかし、このタイトルは「情報・エピソード訴求」の 2 つのテクニック、「**ギャップ**」と「**期間**」を巧みに取り入れている。

●天と地のギャップ

「**天**（After）」：偏差値40アップし、慶應大学へ現役合格

$\updownarrow$　←（このギャップは、大きければ大きいほどいい）

「**地**（Before）」：学年ビリ

●短い期間

1 年間　←（期間は、短ければ短いほどいい）

「短い期間」で大きな「天と地のギャップ」を解決したとなると、人の興味が湧いて、中身を見たくなる。それこそが、キャッチコピーの大きな役割である。
『ビリギャル』の書籍タイトルコピーは長いが、中身の濃い 1 年間の努力と成果を表現したことを考えれば、短いタイトルとも言える。

真新しく見えるようなこのタイトル、実は使い古されたフレーズをいま風にリファインしただけである。

たとえば、ドラマ化もされた人気マンガの『ドラゴン桜』では、

「バカとブスこそ東大へ行け」

というフレーズが使われ、注目されたことがある。

グイッと惹きつける
125

お気づきだろうか？

『ビリギャル』は、同じテクニックを使っていることを。

「バカとブス→学年ビリのギャル」、「東大→慶應大学」へすり替わっただけ。単に、『ビルギャル』は、現代風にアレンジしただけなのだ。

なんだ、マネではないか？

いや、これでいい。これこそがコピーの工夫だ。

あなたも法則を、どんどん"自分ゴト化"してマネてしまおう。

２つのテクニックを使ったコピー（タイトル）は、こんな成果を残している。

- ●原作発行部数：**100万部**突破
- ●映画の観客動員：公開**45日**で**200万人**
- ●興行収入：**28.3億円**

（出典：2015映画「ビリギャル」製作委員会HP）

日本中をブームに巻き込んだ『ビリギャル』の長いタイトルは、古典的かつ巧みな**2つのテクニック（天と地のギャップ・短い期間）**に支えられていたのだ。

「キーワード訴求」の
最強キャッチコピー「10の型」

コピーを読むのも人間なら、書き手も人間である。

考えがめぐらず、スラスラと手が動かないときもあるだろう。

そんなときにいい方法がある。

あえて「キーワード」に自ら縛られてみるのだ。

もっとカンタンに言うと、「キーワード」を設定して、それに呼応するように考え、書き出してみることだ。

「キーワード」訴求は、書き手自身が書きやすく、文体にリズムが出て、説明が簡潔になる。

結果として、読み手もリズムに乗って読みやすくなるのだ。

ここでは、事例に書籍タイトルが登場する。

書籍は、タイトルが購入の最大の決め手になる。

タイトルは、キャッチコピーそのものなのだ。

豊富な「キーワード訴求」では、10の型を紹介しよう。

	「キーワード訴求」10の型と主な実績
16	「○○する方法」とする →実績：**100万部のベストセラー！**
17	「どうやって、このように、どうして」とする →実績：**50年以上売れ続けるロングセラー！** （→P132）
18	「理由、なぜ」を入れる →実績：**2か月で26万部のベストセラー！** （→P135）
19	「どれ、どの、（このような）」を入れる →実績：**13年連続契約件数No.1！** （→P138）
20	「他に（誰か）」を入れる →実績：年間**120万人**が申し込み、**日本一の実績！** （→P140）
21	「求む」を入れる →実績：就職人気企業ランキング**6位！** （→P142）
22	「これ、この」で始める →実績：年商**280億円！** リピート購入が**9割！** （→P144）
23	理由の「〜だから」を入れる →実績：転職で使いたいサイト**No.1！** （→P146）
24	仮定の「（もし）〜なら、（もし）〜しても」を入れる
25	「アドバイス」という言葉を入れる

PART 2

型16
「◯◯する方法」とする

●文法

説明文 ＋ 方法

●基本例文

「40歳になってもノーメークで歩ける◯◯の方法」

●事例

『自分の小さな「箱」から脱出する方法』

出典：アービンジャー・インスティテュート著・
金森重樹監修／富永星訳
『自分の小さな「箱」から脱出する方法』（株式会社大和書房）

「年間で最大18,012円安くする方法」

年間で最大18,012円安くする方法
カードを持つだけで毎月約10%OFFに

出典：健康スタイル（有限会社クリークコム、WEB）

●ポイント

人は、ラクをして成果を得る「方法」を求めている。

なぜなら、「方法」が成果を得る「答え」になると知っているからだ。

そこで、「〜する方法」と先にキーワード設定しておくことで、読み手の答えに近づくコピーを書き出すことができる。

コツとしては、「○○の方法」の○○に、**読み手のベネフィットや理想の姿**を入れることだ。そうすることで、中身を見たくなる。

ひとつ目の事例は、「自分の小さな『箱』から脱出すること」がベネフィットで、2つ目の事例は、「年間で最大18,012円安くする」がベネフィットである。

前者は、ラグビーの五郎丸歩選手も早大時代にこの書籍と出合い、自分が小さな「箱」にとどまっていたことに気づかされたエピソードや、これから海外でプレーするための勇気になった本だと紹介している（出典：「朝日新聞」2016年1月10日）。

五郎丸選手のおすすめコメントもあり、2006年の刊行以来10年を経過しているが、再ブレイクしている。

型17
「どうやって、このように、どうして」とする

●文法

どうやって、このように、どうして ＋ 成果・失敗

●基本例文

「よく聞かれます。どうやって、若さを保つのか」

●事例

『私はどうして販売外交に成功したか』

出典：フランク・ベトガー著、土屋健訳、猪谷千春解説
『私はどうして販売外交に成功したか』
（株式会社ダイヤモンド社）

●ポイント

　この型の文法は、先に「**疑問詞**」を設定し、その後に「**具体的成果・失敗**」を組み立てる妙味にある。

つまり、読み手に「おや？」と思わせた直後に手に入れたい答えが明示されているので、これ以上のわかりやすさはない。

単純明快である。

事例書籍の中身が思わず見たくなるのは、キャッチコピーが効いているからだろう。

原題は、"How I Raised Myself from Failure to Success in Selling（私のような失敗者がどうやって販売外交に成功したか）"であり、「失敗者」と「成功者」のギャップを原題では強く描いている。

ギャップが大きければ大きいほど、「**どうして**」が効果的だ。

結果として、セールスのバイブルとして世界中で**50年以上読み継がれ、世界的ロングセラー**として、売れ続けている。

型18
「理由、なぜ」を入れる

● 文法

成果 ＋ 理由
なぜ ＋ 成果

● 基本例文

「この商品が100万人に支えられた理由をお伝えします！」

● 事例

『なぜ、社長のベンツは4ドアなのか？』

出典：小堺 桂悦郎著『なぜ、社長のベンツは4ドアなのか？』
（フォレスト出版株式会社）

「暑さに『救心』。その理由は…」

出典：救心製薬株式会社（新聞広告）

「なぜ彼女は若く見られるの？」

出典：株式会社山田養蜂場（WEB）

●ポイント

「理由、なぜ」は、極めて効果的な型のひとつだ。

物事には「**原因**」と「**結果**」がある。

人は、「結果」を見て、「原因」を探求したくなる習性がある。

疑問符で始まるコピーは、最近の主流となっている。

この型の文法は、因果関係をシンプルに描きだす便利なキーワード。
答えの詳細を知りたくなるので、誘導したい次のボディコピーにもつな

げやすい。

　3事例の共通点は、このキャッチコピーが次につながる大命題を忘れずに、目を惹かせることに徹底している点にある。

　ひとつ目の書籍は、本文の中身自体。

　2つ目の「救心」は、キャッチコピー左側の小さなボディコピー。

　最後の山田養蜂場は、詳細を記したランディングページ（「ハリの秘密は→」ボタン）へと誘導すべく目を惹かせているのだ。

「結果」と「原因」を知りたい習性を利用したキャッチコピーの好例である。

　最初の事例書籍は、**発売2か月で26万部を突破したベストセラーだ。**

　売れた要因について著者は、「タイトルの勝利です」と断言している。当初、原稿に「ベンツ」の単語はどこにもなかったが、「ベンツ」という言葉が「中小企業の社長」を端的に連想させると着想したという。

　そこに「なぜ」を入れることで、注意を惹きつけることができたことがヒット要因と自ら分析している（出典：「社長25hベンチャートップインタビュー」2007年10月7日）。

グイッと惹きつける

135

型19
「どれ、どの、(このような)*」を入れる

●文法

| どれ、どの、このような | + | 事象、悩み、サービス、商品 |

●基本例文

「カラーは3つ。あなたなら、どれを選ぶ？」
「冬になると、このような○○、感じたことはありませんか？」

●事例

「あなたはどっち!?」

出典：株式会社アイム（WEB）

●ポイント

　コピーライティングで苦慮することのひとつは、テーマやポイントを絞ることだ。どこをUSP（Unique Selling Proposition＝独自の売り）に設定するかが実は大変である。

＊『ザ・コピ』の見出しには、「どれ、どのを入れる」とあるが、『ザ・コピ』127ページに「このような」の例文があるため、新たに追記した。

そんなときに役立つのは、先に「**どれ、どの、このような**」を設定すると、必然的に**次に書き出す言葉の**ポイントが絞り込まれる。
　疑問詞の引力を有効に使ってみよう。
「どれ・どの」は、「どっち？」という疑問詞だとカジュアルに応用できる。
　左記の事例は、「どっち？」を使い、二者選択の質問を投げかけることで、思わず目を留まらせる工夫をしている。

「あなたのご家族やご友人に
こんな方はいませんか？」

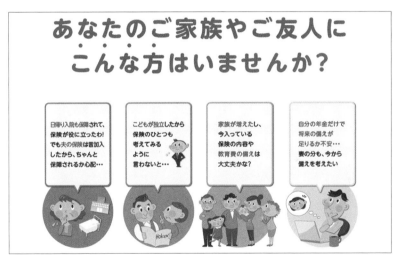

出典：アメリカンファミリー生命保険会社（WEB）

「このような」を「こんな方」へと変化させれば、人を特定することもできる。

　２つ目の事例は生命保険のコピーだが、最初のコピーは「**こんな方**」と注目させ、人を特定させているが、自社商品をまったく訴求していない。

グイッと惹きつける

その代わり、そのコピーの直後に、教育や老後の備えなどの悩みごとを列挙し、保険商品の必要性へと誘導しているのだ。

「ご家族やご友人の要望に合わせて、
　アフラックの保険をご案内します！」

出典：アメリカンファミリー生命保険会社（WEB）

つまり「悩みを持つ人（目を惹きつける）」→「商品（売りたいもの）」とすることで、押しつけがましさを薄めている。

押しつけがましくないコピーだが、業績は突出している。

同社は、がん保険と医療保険で**13年連続契約件数No.1**を更新中だ（出典：2016年1月現在、「インシュアランス生命保険統計号」）。

型20 「他に(誰か)」を入れる

●文法

事象、サービス、商品 ＋ 他に(誰か)

●基本例文

「地域最安値。他に安いお店があれば、お知らせください」

●事例

「査定だけでも大歓迎！
　他店より1円でも安ければご相談ください！」

出典：株式会社ビッグモーター（WEB）

「万が一他店より1円でも高ければ値下します」

出典：株式会社ノジマ（WEB）

●ポイント

「**他に（誰か）**」は、書き手が再度聞き返すニュアンスがあるので、購入を躊躇している顧客、他と比較して迷っている顧客に効果的だ。

　ひとつ目の事例は、中古車買取りを訴求するコピー事例である。迷いながら比較検討する顧客を見越して、「他店」と比較していただきたい、と訴求している。

　年間**120万人**が査定申込みをし、**中古車販売日本一**の実績を残している（出典：総合企画センター大阪調べ）。

型21 「求む」を入れる

●文法

求む ＋ 事象、サービス、商品

●基本例文

「求む！ ちゃんと試していただけるモニター○○名」

●事例

「服を変え、常識を変え、
世界を変えていく
同志求む」

出典：株式会社ファーストリテイリング（新聞広告）

●ポイント

「求む」は、極めて直接的な表現であり、だからこそインパクトがあり、目を惹きつけるものがある。

「求む」の前後に置かれるのは「人」に関する言葉が多い。自衛隊員の募集広告が典型だが、**求人広告において最も力を放つ表現**である。

事例は、ユニクロの柳井氏という有名経営者が名前入りで宣言することで、さらにキャッチコピーの迫力が増している。

グイッと惹きつける
141

読み手は、その先に何が求められているかを知りたくなり、ついついキャッチコピー左側のボディコピーに目を通してしまうだろう。

同社は、2015年8月31日時点でグループ計4万人を超える社員数を抱えているが、拡大戦略にともなって社員数も拡大中だ。その戦略に基づいた人材募集のコピーは結果も出している。

年収1000万円強の勝ち組先輩が勧める就職人気企業ランキングでは、**第6位**（出典：2013年「ダイヤモンド・オンライン編集部」調査）と上位にランクインしている。

型22
「これ、この」で始める

●文法

これ、この ＋ 事象、成果、サービス、商品

●基本例文

「これは、いまのところ日本で1番静かな機械です」

●事例

「このハリも、弾力も、輪郭も。ぜんぶ本物。」

出典：株式会社再春館製薬所（新聞広告）

グイッと惹きつける
143

「これが、世界最速LTE！」

出典：株式会社NTTドコモ（新聞広告）

●ポイント

「これ、この」を設定すると、おのずと後にくる情報は具体的になる。

ポイントが絞り込まれている場合、もしくはポイントを絞り込みたい場合に、「これ、この」を設定すると、コピーが俄然具体的になってわかりやすくなる。

それが証拠に、両事例における「この」「これ」の直後には具体的な訴求内容が列挙されている。

ひとつ目は、「ドモホルンリンクル」で知られる**再春館製薬所**の事例だ。「初めての人にはお売りできません」のテレビCMが有名で、そのフレーズどおり、事例広告でも無料お試しセットを訴求している。

年商約280億円の9割がリピート購入で、顧客の圧倒的支持に支えられている（出典：日本ダイレクトマーケティング学会・2014年「第13回全国研究発表大会レポート」）。

型23
理由の「〜だから」を入れる

●文法

| 原因 | + | 〜だから | + | 結果 |
| 結果 | + | 〜だから | + | 原因 |

●基本例文

「○○は、絶対に必要です。あなたにとって大切なことだからです」

●事例

「本気、だから。No.1」

出典：株式会社マイナビ（WEB）

「菌は見えない！だから、キレイに見えても、
1日1回、ラク技除菌!!」

出典：ユニリーバ・ジャパン株式会社（新聞広告）

●ポイント

　人は、**因果関係**を知りたがる。「その理由は何なのか？」という興味は尽きないのだ。

　「～だから」という表現（接続詞）は、「原因」と「結果」の接着剤であるため、因果関係をシンプルに表現したいときに有効活用できる。

　2つの事例も「だから」を接着剤とすることにより、「原因」と「結果」を端的に表現している。

　ひとつ目のマイナビは、不安を抱える転職検討者に向けて、インパクトのある力強さをアピールできている。

　その力強さを支える実績は、**転職で使いたいサイトNo.1、見やすいサイトNo.1、満足度No.1、信頼度No.1がもとになっている**（出典：2015年マイボイスコム調査／Gomez転職情報サイトランキング）。

PART 2
146

型24

仮定の「（もし）〜なら、（もし）〜しても」を入れる

●文法

（もし）〜なら ＋ 商品、機能、対応策

●基本例文

「もし、30歳違いの娘と同じ肌を目指すなら、潤いが欠かせません」

●事例

「もしご満足いただけなければ返品できます。」

つながりやすさ No.1

ソフトバンクの電波を
お試しください

もしご満足いただけなければ返品できます。

出典：ソフトバンク株式会社（WEB）

●ポイント

「（もし）〜なら」という表現では、「最高の状態＝夢」と「最悪の状態
＝損失」があり、人は、とかく両者ともに惹かれやすい。

　事例は、「最悪の状態＝損失」になった場合でも、保証（返金または
返品）しますよ、とコピーで言い切っている。

　購入障壁を下げて、買いやすくさせているのだ。

型25
「アドバイス」という言葉*を入れる

●文法

アドバイス または アドバイス的表現 ＋ 情報、対応策、機能

●基本例文

「お小遣いが限られているビジネスマンへのアドバイスです」
「学校では学べない○○を教えます」
「まだご存知ないのですか？　ライバルに差がつく方法を」
「○○のやり方をおすすめします」

●事例

「臨時給付金をご存知ですか？」

出典：厚生労働省（新聞広告）

＊「アドバイス」もしくは「アドバイス的表現」が有効。ここでは、「アドバイス的表現」の事例を紹介する。

「ご存じでしたか？
　Yahoo!プロモーション広告の便利な仕組み」

出典：ヤフー株式会社（WEB）

●ポイント

「アドバイス」という言葉には、硬軟織り交ぜても基本的には「上から目線」のニュアンスがある。

「〜のアドバイス」の他に、「**教えます**」「**ご存知ですか**」「**〜してはどうですか**」「**おすすめします**」などを使ってみよう。

「上から目線」は注意が必要だ。読み手に不快な印象を与えかねない。「上から目線」でもいい場合は、書き手のほうが、読み手より明らかに知識と専門性があるという立ち位置に限られる。そこで、読み手にとって、「**これはありがたい、役立つ情報だ**」と思わせることができれば、好意を持って注目してもらえる。

　両事例ともに、専門的な知識をやさしく教えるという立ち位置なので、不快感を与えず、その先の情報へと進みやすくなっている。

グイッと惹きつける
149

「キーワード訴求」10の型・現場で使える3つの超訳ヒント

【 超訳ヒント1 】どんなときに使うか？

筆が進まないときは、「先にキーワードを設定」する

コピーライティング中には、筆が進まないときも多い。

そんなときこそ、先に「キーワード」を設定すると自動的に筆が進む。

「どうやって、○○するのか」「○○する方法」などと設定してから、空白文字の○○を埋める作業に入るのだ。

こうすることで、筆がなめらかに動く。

【 超訳ヒント2 】これだけは押さえたいキーワードは？

型18「理由、なぜ」は、万能選手

「キーワード訴求」のカテゴリーは全部で10個あるが、とりわけひとつだけ押さえておきたいキーワードは、型18の「**理由、なぜ**」だ。

好奇心にあふれる読み手を惹きつける**魔法のキーワード**である。

なぜなら、人は「理由、なぜ」という問いの後にある「答え」を知りたくなるからだ。

PART 2
150

【 超訳ヒント3 】キーワード訴求コピーのテクニック
「Ask(問う)」
「Answer(答える)」
「Action(行動させる)」

型18「理由、なぜ」でコピーを書くテクニックを3つ紹介しよう。

ポイントは、**3つの「A」**を使いこなすことだ。

▶【テクニック1】**A**sk（問う）

「〜する理由」「なぜ〜するのか」のいずれのキーワードにおいても重要なのは、「**問いかける**」である。読み手は常にその先にある「答え」を探そうとするからだ。その「答え」こそが、訴求したい商品やサービスであるべきなので、何を「答え」とするか、**事前に決めて問いかける**ことがキャッチコピーに求められる。

▶【テクニック2】**A**nswer（答える）

「問い」を設定したら、その「答え」は、「問い（〜する理由）（なぜ〜するのか）」という**キーワードコピーの近い場所に置かなければならない。**この「答え」が離れて文末にきてしまうと、読み手の好奇心が一気に冷めてしまう。

▶【テクニック3】**A**ction（行動させる）

「問い」のキャッチコピー、「答え」のボディコピーに誘導できたら、読み手の納得感は格段に高まっている。

その勢いを殺さぬうちに「**行動させる**」ことが肝心だ。

申込ページへクリックしてもらう、電話をかけてもらうことが「行動させる（Action）」だ。

グイッと惹きつける
151

これら3つのテクニックを電光石火のごとく、**1枚絵**で見せなければならない。

そんなことが可能なのだろうか？

結論から言うと、可能だし、可能でなければ成果は出ない。

では、ここから成果を出している好例を紹介しよう。

【事例1：ハーレーダビッドソン】

Ask（問う）	「ハーレーダビッドソン ストリート750が特別なマシンである理由」
Answer（答える）	《要約》新型エンジン、新しいブレーキ、乗りやすさ、斬新なデザイン
Action（行動させる）	「試乗を予約する」

出典：ハーレーダビッドソン ジャパン株式会社（WEB）

ハーレーダビッドソン（以下、ハーレー）は、大型バイクメーカー。すべての車種の運転には、大型自動二輪免許が必要であり、購入のハードルが高い。

事例の車種「ハーレーダビッドソン ストリート750」は、最小排気量で入門者を惹きつける"エントリーモデル"だ。最初の1台に選んでも

らうべく、「○○である理由」で問いかけている。

　このような新ユーザー開拓の努力もあり、ハーレーの新規ユーザー比率（初めてハーレーを購入する割合）は驚異の**80％前後**。日本国内では、751cc以上の大型バイク市場で**国内シェアNo.1**を維持し続けている（出典：水口健次著『なぜハーレーだけが売れるのか』日本経済新聞出版社）。

【事例2：ソニー損保（→55ページ）】

Ask（問う）	「ソニー損保が選ばれ続ける理由」
Answer（答える）	《要約》保険料が安い、ロードサービスの満足度が高い、事故対応満足度が高い
Action（行動させる）	「今すぐお見積りを！」

出典：ソニー損害保険株式会社（WEB）

　両事例とも、見事に1枚絵の中に3つの「A」がおさまっている。
　そうすることで、確実にレスポンスにつながるのである。なぜなら、「問い（Ask）」のコピーで目を惹きつけ、
　　　⇩
「答え（Answer）」に導き、
　　　⇩
「行動（Action）」を指差すからだ。

グイッと惹きつける

「その他訴求」の最強キャッチコピー「10の型」

ここまで4カテゴリー、すなわち「新情報訴求」「価格訴求」「情報・エピソード訴求」「キーワード訴求」について紹介してきた。

最後は、これらのカテゴリーにとらわれない、もしくはミックスした変則的な訴求方法だ。「その他訴求」の型は、全部で10になる。

	「その他訴求」10の型と主な実績
26	「証言スタイル」にする →実績：出荷数**600万袋**突破！（→P156）
27	「読み手を試す質問」をする →実績：**8年で150万人**以上の利用実績！（→P159）
28	「1ワード見出し」にする
29	「2ワード見出し」にする →実績：わずか4年間で年間売上**100億円**達成！（→P163）
30	「3ワード見出し」にする →実績：初回視聴率・最高視聴率・平均視聴率**No.1**！（→P167） **3年連続売上No.1**！（→P167）
31	「いまはまだ買わない」ように伝える →実績：シリーズ累計販売部数**260万部**！（→P169）
32	広告主から相手に「直接」語りかける →実績：ブランドランキング**7年連続1位**！（→P172）
33	「特定の個人やグループ」に呼びかける
34	「質問形式」にする →実績：契約件数**No.1**、業界売上・国内シェア**No.1**！（→P177）
35	ベネフィットを「事実と数字」で伝える →実績：売上比約**2倍**、会員数は2年たらずで**4万人**突破！ 販売実績**700万個**！　**8秒に1人**が申込み！（→P180）

PART 2
154

型26
「証言スタイル」にする

●文法

成果、問題 ＋ 証言表現

●基本例文

「私がここまで減量できた過程を聞いてください」

●事例

「ずっと続けていきたいです。」

出典：日本サプリメント株式会社（WEB）

「最近、ハグキが弱ってきたみたい」
「年齢のせい？」

出典：サンスター株式会社（新聞広告）

●ポイント

「証言」というのは、第三者の意見やコメントを連想させるので、書き手の恣意性が薄く、**客観性が強く伝わりやすい**。

このことは、読み手の警戒心を解き、信頼性を勝ち取ることにつながる。

実践では、意思を持った１人をピックアップする**「代表証言タイプ」**と、顧客の代表的声を淡々と載せる**「ユーザーズボイス（利用者の声）タイプ」**の２つに大別して使い分ける。

ひとつ目の事例は、「代表証言タイプ」。２つ目の事例が、「ユーザーズボイス（利用者の声）タイプ」である。

著名タレントを用いたひとつ目の事例は、リピート購入を実感させるようなコピーだ。

その成果として、これまで出荷数量**600万袋突破**、**約８割が継続愛用を希望するロングセラー**になっている（出典：2016年、日本サプリメント株式会社HP）。

型27
「読み手を試す質問」をする

●文法

状況、ヒント ＋ 疑問詞

●基本例文

「正解率50％。あなたはこの〇〇に答えられますか？」

●事例

「女の子の登校率が上がると、
　子どもの死亡率が下がる。なぜでしょう？」

出典：公益財団法人日本ユニセフ協会（WEB）

「問題：なぜ、このサイトではあなたの
　不動産を高く売ることが出来るのか？」

出典：株式会社Q（WEB）

「フリーアナウンサー 中川祐子さんは、
　何歳でしょうか？」

出典：サントリーウエルネス株式会社（WEB）

●ポイント

　日本ユニセフ協会の事例は、「女の子だから」という理由で初等教育が受けられず、衛生習慣教育や予防接種の知識不足のために子どもの死亡率が高いという発展途上国の現状を憂慮した、募金広告のコピーである。

「なぜでしょう？」ボタンをついクリックしたくなるコピーだ。

　２つ目の事例は、不動産売却一括査定サイトで、**８年で150万人以上**の利用実績を誇っている（出典：不動産売却一括査定を徹底比較HP）。

　３つ目の事例は、サントリーウエルネス株式会社の得意技である年齢当てクイズだ。

　見た目よりかなり若く見えるタレントの年齢を当てれば、同社の人気商品「セサミンEX」を無料お試しできるというコピーで読み手を試している。

　ちなみに、タレントの掲載時年齢の正解は**43歳**！

　この意外性も目を惹きつける要素となっている。

　日本人はクイズ好きである。中でも**腕試しのような質問**には、ついつい乗せられてしまう。

　この習性を利用すれば、注目度を上げやすいが、そのつくり方に妙がある。

　クイズとなる問題をシンプルにして、**答えを問題の近くに置くこと**だ。

　読み手の脳内処理負担をできるだけ少なくしながら、興味喚起を最大限に高めるのだ。

グイッと惹きつける

159

型28
「1ワード見出し」にする

●文法

キーワード

●基本例文

「痩せる！」

●事例

「反撃だ。」

出典：株式会社リョーマゴルフ（WEB）

●ポイント

　訴求するターゲットと訴求商品・サービスが絞り込まれている場合、**たったひとつのキーワードは、とてつもない威力を発揮する場合がある。**

　事例は、「ライバルに勝つためのクラブを求めるゴルファーに対し、

飛距離をあきらめずに挑戦しよう」というメッセージが込められている。

　また、ドライバーの飛距離が落ちた壮年期ターゲットが、若い頃の自分を超えたいという願望をそそっている。

　著名タレントと大々的なプロモーションで商品知名度が飛躍的に上がった成功事例である。

　ただ、実践で使う場合の難易度は高い。

　１ワードに絞り込むのが難しく、外した場合のリスクも大きいからだ。

　したがって、マネをする場合は、小規模で２つのコピーを同条件テスト（A/Bテスト）し、効果的な１キーワードの確信を得たうえで、ロールアウト（本格的な大規模展開）する必要がある。

型29
「2ワード見出し」にする

●文法

キーワード ＋ キーワード

●基本例文

「ポイント！　10倍!!」

●事例

「合体、ドーン!!」

出典：ヤマハ株式会社（WEB）

「ぷるぷる、ピン！」

出典：株式会社富士フイルム ヘルスケア ラボラトリー（WEB）

●ポイント

　性質の異なる**2つのキーワード**を単に羅列してみると、余計な接続詞がない分、極めてすっきりする。

　重要かつ難しいのは、訴求する情報や製品の特長から代表的なUSPを抜き出し、2つに絞り込むことだ。

　ひとつ目のゴルフクラブの事例は、2つのキーワードで、「ヘッドとシャフトが組み合わせられる」「驚くべき飛距離が実現できる」ということを端的に表現している。違う要素をキーワード化させるだけで、インパクトあるコピーをつくることができるのだ。

　2つ目は、肌の「**うるおい（ぷるぷる）**」と「**ハリ（ピン！）**」という異なるベネフィットを両立できることを端的に表現している。同品は、富士フイルムの技術を活かし、2007年の誕生から**わずか4年間で売上高100億円**を達成している（出典：J-marketing.net 2013年7月）。

　このブランドの成功は、衰退したコダックと比較され、富士フイルム変革のシンボルにもなっている。

型30
「3ワード見出し」にする

●文法

キーワード ＋ キーワード ＋ キーワード

●基本例文

「ポイント！　10倍!!　日曜限り!!!」

●事例

「学生！　家族！　3年！」

出典：ソフトバンク株式会社（WEB）

「初夢・初福・初ハブラシ」

出典：サンスター株式会社（新聞広告）

「福山、大河、龍馬。」

出典：日本放送協会（WEB）

グイッと惹きつける

「笑顔を２倍！ 輝きを２倍！ 元気を２倍！」

出典：株式会社山田養蜂場（WEB）

●ポイント

性質の異なる**3つのキーワード**を単に羅列してみよう。

余計な接続詞がなくすっきりしているのは２ワードと同様だが、３ワードにすると不思議なことに**リズム**が出てくる。

また、**バランス**もいい。訴求する情報や製品の特長から代表的なUSPを３つ並べるだけで、リズミカルで高バランスなコピーになる。

４つの事例を見ても、３ワードはリズムとバランスがいいことがわかるだろう。

その意味で、１ワードの絞り込む難しさ、２ワードのバランスの難しさを、３ワードはリズミカルに解決してくれる。

３つ目の事例は、人気俳優の「福山雅治」がNHKの「大河ドラマ」に国民的英雄の「坂本龍馬」役として出演することを３ワードで端的にわかりやすくコピー化している。

このわかりやすいコピー効果もあってか、大河ドラマ『龍馬伝』の視聴率（初回視聴率・最高視聴率・平均視聴率すべて）は、2010年の放送時から2016年2月現在まで**No.1**！　放送以降、他の大河ドラマに1度たりともその座を明け渡していない（出典：2016年2月現在、株式会社ビデオリサーチ調べ）。

4つ目の事例は、山田養蜂場のロイヤルゼリーのコピーで、それを摂ることのベネフィット（**笑顔・輝き・元気**）を3ワードで表現している。

同品は、ロイヤルゼリー健康食品部門で**3年連続売上No.1**を誇っている（出典：2013年2月現在、株式会社矢野経済研究所調べ）。

型31
「いまはまだ買わない」ように伝える

● 文法

否定文 ＋ メッセージ

● 基本例文

「いきなり買わないでください。まず当社の理念をお聞きください」

● 事例

『新 買ってはいけない10』

出典：渡辺雄二著『新 買ってはいけない10』(株式会社金曜日)

●ポイント

コピーライティングの9割以上が肯定文で、プッシュ型だ。

そこで逆に**否定文で組み立てる**と、新鮮な印象を植えつけられる場合がある。

1977年に大ヒットしたホラー映画『サスペリア』の日本向けキャッチフレーズは「**決して、ひとりでは見ないでください**」という否定文だった。

大ヒットの背景には、この有名な否定的フレーズが効果的だったことがある。

肯定文に慣れているので、否定文で迫られると、**なんだか普通ではないのだ**。だからこそ、よりいっそう興味を喚起されるのである。

事例は、買ってはいけない食品などを記載したベストセラー書籍のタイトルである。

同書は1999年にパート1が発刊になった後にも、パート10までシリーズ化されている。

表紙に堂々と記載されているとおり、シリーズ累計販売部数は**260万部**に達する。

常識を覆す否定文タイトル（キャッチコピー）で注目を集めたことが大ヒットの要因だ。

グイッと惹きつける
169

型32
広告主から相手に「直接」語りかける

●文法

口語体 ＋ 情報提供

●基本例文

「ここだけの話、この商品、うちの社員が１番のヘビーユーザーなんです」

●事例

「化粧なおしは面倒、と
　約86％の女性が思っています。」

出典：株式会社資生堂（新聞広告）

「このマークがあれば、水着も！
　おうちで洗えるって知ってた？」

出典：ライオン株式会社（WEB）

「比べてください　『磨き』を超えた新体験
　ご満足いただけなければ、全額返金いたします！」

出典：株式会社フィリップス エレクトロニクス ジャパン（WEB）

●ポイント

　企業発信で文章を書く場合、カジュアルな口語体でなく堅い文体になってしまうのが常である。

　コピーライティングにおいても、カジュアルな口語体にするのは意外と難しい。

　しかしながら、読み手と同じ目線の**語りかける**ような**口語体コピー**を書くと、親近感が湧く。その習性を利用すれば、注目させられる。

　3事例ともに資生堂、ライオン、フィリップスという大企業のコピーであるが、**広告主から相手に「直接」語りかける**カジュアルコピーにしているので、スッと読みやすい。

　カジュアルな語りかけではあるが、ブランド企業からの発信ゆえ、安心感も備わっている。

　3つ目のフィリップスの事例に商品名が出ていないが、音波式電動歯ブラシ「ソニッケアー」のキャッチコピーである。

　よく見ると、「**比べてください**」と直接語りかけた後に、「**ご満足いただけなければ、全額返金いたします！**（型24：〈もし〉～なら）」を使った複合技だ。

　高額商品ながら、企業から語られる自信に満ちたコピーは、日本の歯科医が選ぶブランドで、**7年連続1位**という実績に支えられている（出典：POHC 2013 Dental Professional Tracking Research）。

PART 2

172

型33
「特定の個人やグループ」に呼びかける

● 文法

特定ターゲットの特性 ＋ 特定ターゲットの年代・セグメント

● 基本例文

「1円でも節約している○○代主婦のあなたへ」

● 事例

「新年のおじいちゃん、おばあちゃんへ。
　カモンイオン新入学」

出典：イオン株式会社（新聞広告）

「U25応援割　25歳以下のあなた！」

出典：株式会社NTTドコモ（新聞広告）

「週2回以上、お化粧が面倒くさいと思う女性の皆様へ！」

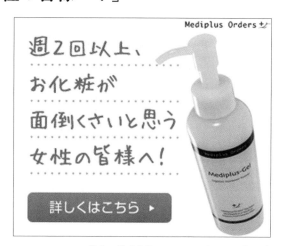

出典：株式会社ティーエージェント（WEB）

「40代、血圧が高めと言われた。」

出典:日本サプリメント株式会社(WEB)

●ポイント

　最強コピーの型のひとつが、**特定のターゲットをコピー化**することである。

　なぜなら、人は自分のことかな？　という訴求は目に留まるからだ。
　そのためには、ズバリ狙う対象層を明記するといい。

　4事例すべて、異なるターゲットへ向けたコピーだ。
　それぞれターゲットを特定したフレーズが入っているので、イメージがしやすい。

　試しに、ターゲットフレーズ(25歳以下、40代など)を外して読んでいただきたい。
　途端にイメージがあいまいにボヤけてしまう。
　それだけ、特定ターゲットを入れることはイメージをくっきり伝えるのに役立つのだ。

型34
「質問形式」にする

●文法

軽いタッチ ＋ 疑問文

●基本例文

「同じに見える商品。片方はカロリー半分なんて信じられますか」

●事例

「おうすいところは
ございませんか？」

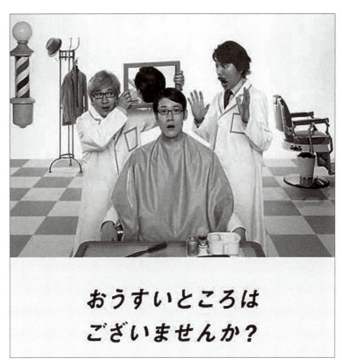

出典：MSD株式会社（新聞広告）

「セコム、してますか？」

出典：セコム株式会社（WEB）

●ポイント

質問形式にすると、すぐ真横で尋ねられている雰囲気をつくれる。

少々押しが弱いが、その分警戒心を解くのに有効である。

読み手がかたくなに持っている警戒心を解きほぐすことができるのも、コピーの技術次第なのだ。

掲載の2事例ともに、各社のサービスを押しつけてくる雰囲気はまったくない。やわらかな質問形式にすることで、読み手にプレッシャーを与えないからだ。

ここで、ひとつテクニックとなるのが、「**少しだけドキッとする質問**」にすることだ。

鋭すぎず、甘すぎず、読み手が「あ、そう言えば、ヤバいな、このままでは」という程度にとどめるのがポイントである。

2つ目の事例は、国民的ヒーローの長嶋茂雄氏が語りかけるような、わかりやすいコピーが秀逸だ。

セコムは、ホームセキュリティという市場を開拓したばかりでなく、創業以来、**契約件数No.1、業界売上・国内シェアNo.1**を一度も他社に譲っていない（出典：2015年3月末現在、セコム株式会社HP）。

型35
ベネフィットを「事実と数字」で伝える

● 文法

数字 + 事実
事実 + 数字

● 基本例文

「お買い上げいただくだけで、アフリカに1センチずつ緑が広がります」

● 事例

「たった2ヶ月で、このカラダ。」

出典：健康コーポレーション株式会社（WEB）

「もう1個　無料プレゼント」

出典：キューサイ株式会社（WEB）

「年会費無料　24時間パソコン・スマホで
カンタン申し込み！」

出典：楽天カード株式会社（WEB）

グイッと惹きつける
179

●ポイント

最強コピーの頂点のひとつである型。

読み手は常に「自分にとって何が得か？」というベネフィットを求めている。

その思いに応えるように、「事実」と「数字」で端的に表すことほど明快にして強く惹かれるものはない。

すべての事例が、「事実」と「数値」をわかりやすくコピー化している。

その成果も圧倒的だ。

「短期間で痩せる」を表現したひとつ目の事例「ライザップ」の売上は、前年同四半期比で**約2倍**、会員数は**2年たらずで4万人**を突破した（出典：健康コーポレーション株式会社・2016年3月第3四半期決算説明資料）。

「もうひとつオマケ」を表現した2つ目の事例は、**700万個**の販売実績を誇っている（出典：キューサイ株式会社調べ）。

3つ目の「楽天カード」は、**8秒に1人**が申し込むという驚異のハイペース入会実績をたたきだしている（出典：楽天カード株式会社調べ）。

「その他訴求」10の型・現場で使える3つの超訳ヒント

〖 超訳ヒント1 〗これだけは押さえたいキーワードは?
型33「特定の個人やグループ」は、効果抜群

「その他訴求」は10個の型があるが、中でも効果的なのは、型33の「特定の個人やグループ」に呼びかける手法だ。

読み手を特定し、絞り込むことで該当する対象者は、「自分のことかな?」と注目させることができる。

〖 超訳ヒント2 〗捨てる対象を選べ
全員に刺さるキャッチコピーはない

型33の「特定の個人やグループ」を活用するうえでは、覚悟が必要だ。相手を特定し、絞り込むということは、言い換えれば**「捨てる対象」を選び抜く**ことだ。市場にいるすべての顧客を対象にした効果的コピーは皆無。実際の商品やサービスの価値を本当に伝えたい相手を特定することが重要になるが、これは難しい。先に「捨てる対象」を選ぶことで、「拾う対象」が得られる。

〖 超訳ヒント3 〗その他訴状コピーのテクニック
「年齢軸」

型33「特定の個人やグループ」で、相手を特定する手法はいろいろあ

グイッと惹きつける

181

る。いわゆる顧客セグメントの切り口というものだ。中でも「**年齢軸**」は、誰もがどこかに該当するので使いやすい切り口だ。

　この年齢軸を巧みに使っているのが、サントリーウエルネス株式会社だ。年齢を軸にしながら、目が粗い「広い対象」から「やや絞った対象」、そして「ピンポイント対象」へと**3タイプ**別にコピーを使い分けている。

●広い対象（全方位的）タイプ

「年齢は、問題じゃない。」

　年齢を感じさせないタレントを起用しながら、「年齢軸」でキャッチコピーを表現している。コピーは、広く全方位的につくられており、対象を絞っていない。

　このようなタイプは、顧客の購買活動を狙うというより、商品認知度を上げる場合に使われる。

●やや絞った対象(〜代)タイプ

「60代。『あの人、年とったなぁ』と思ったら、同い年だった。」

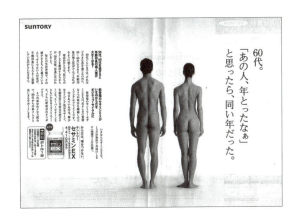

「50代。からだなんていまから作り直せる。」

「60代。夜中に、何度も起きる。」

「まるで20代のような上司…
　秘密は新しいセサミンでした」

これらは、「〜代」としてやや対象を絞ったタイプだ。
たとえば、「40代の〜」とすると、40〜49歳がターゲットとなる。

●ピンポイント対象（〜歳）タイプ

「44歳、元気がとまらない！」

「49歳から人生一変！」

「52歳で、世界が一気に！」

「52歳、妻を喜ばせたい！」

出典：すべてサントリーウエルネス株式会社（182〜186ページ、WEB）

ピンポイントタイプは、ズバリその年齢が対象なので、ターゲットは狭いが、該当者の目を強く惹きつけることができる。

　これら3タイプ、「広い対象」「やや絞った対象」「ピンポイント対象」の順でコピー例を紹介したが、もう一度、最初の**「広い対象」**から読み返してほしい。
「広い対象」のスタイリッシュなコピーから、「ピンポイント対象」になるにつれて、**コピーが泥臭くなってきている**ことに気づいただろうか。

　コピーには**使い分け**が必要だ。
　商品認知を広める段階で、スタイリッシュコピーを使う。
　次に、実際購入者を狙う段階で、**対象を特定し、泥臭くアピールするなど、切り分ける**ことも重要だ。

　ここでクイズを出したい。

●Q1　「〇〇代（やや絞る）」と「〇〇歳（ピンポイント）」は、どちらの反応がいいか？

●Q2　「44歳」「49歳」「52歳」のどれが、最も反応があるか？

　実は、この答えは、**やった本人たちしかわからない。**
　あの商品なら、このコピー表現が反応した、不発だったという検証作業なくして答えが出ないからだ。

　サントリーウエルネス株式会社が年齢軸をこれだけ広く深く展開しているのは、「年齢軸」コピーが刺さる、というレスポンス結果を十分テスト検証しているからだろう。

グイッと惹きつける
187

検証は手間がかかる。

しかし、この積み重ねによるノウハウに勝るものはない。

実際、サントリーウエルネス株式会社の2014年売上高は、**前期比10％増、731億円達成**と着実に成果を挙げ続けている（出典：「通販通信」2015年2月17日）。

彼らのコピーそのものよりも、**愚直に検証し、実行する姿勢**こそ見習ってほしい。

それを実行すれば、秘伝のノウハウが蓄積される。

そのノウハウは、着実に成果につながるのだ。

まとめ：PART2　グイッと惹きつける
──【超訳】『ザ・コピーライティング』3つの超訳

ここでは、これだけ押さえておけばいい。

〖 超訳 〗まとめ1

「キャッチコピー」が1番重要

コピーライティングにおいては、キャッチコピーを見てもらえなければ、ボディコピーに引き寄せることは不可能。

キャッチコピーが「**最初にして最後のチャンス**」と心すべきだ。

〖 超訳 〗まとめ2

検証済2大法則は、
「相手の得」と「新情報」

様々なキャッチコピーを検証して抜き出された法則は、「**相手の得（ベネフィット）**」「**新情報**」という2つに集約される。

キャッチコピーを書いたら、この2つが入っているかどうかをまず点検しよう。

〖 超訳 〗まとめ3

マネして、入れ替え、"自分ゴト化"する

「最強35の型」のキャッチコピーは、門外不出の文例を公開したもの。

1枚にまとめてあるので（→77ページ）、**マネをして、自社商品に主語**

グイッと惹きつける
189

を入れ替え、自分ゴト化することで、驚くほど引き出しが増え、売上アップに貢献できる。

ぜひ、どんどんトライしてみてほしい。

《コラム》
方言はキャッチコピーになるの?

　各都市にクライアントがいる私は、出張が多い。

　彼の地へ出向くと、必ず広告をチェックする。ご当地キャッチコピーを探すのは旅の楽しみのひとつだ。

　あるとき、こんなキャッチコピーに出くわした（→193ページ）。

「たっすいがは、いかん！」

たっすいがは、いかん！

　「たっすいがは、いかん！」って……?

　まったく、意味がわからない。

　大きな看板にでっかく書いてある。

　語感から想像するに、怒っているのか?

　そんな見当しか思い浮かばない。

　一発でわかる人は、高知県人だろう。

　そう、これは、高知県でよく見るキャッチコピーだ。

　「たっすい」とは、高知の方言である。

　「張り合いがない、手応えがない」という意味らしい。

　夕食の宴席時に当地のクライアントに聞いてみると、

　「薄い、気が抜けた」という意味も含むとのこと。

ここで紹介したキャッチコピーの主は、「キリンラガービール」。

ラガービールと言えば、かつて「ガツン！とくる。キリンラガービール」というコピーを打ち出していた。

「ガツン！とくる。
キリンラガービール」

出典：麒麟麦酒株式会社（WEB）

高知弁の「たっすいがは、いかん！」とは「薄く、気が抜けたのはダメだ！」と標準語に翻訳できるらしい。

言い換えれば、「ガツンとくるのが、ビールだろ！」にもなり、本来のキャッチコピーとも符号する。

高知龍馬空港でディスプレーされているので、高知県を行き来する観光客は、「あれ、なんて意味だろうね」と、看板を振り返って首をかしげている。私のように、旅の記念に看板広告を写真におさめる観光客も多い。

「たっすいがは、いかん！
キリンラガービール」

出典：麒麟麦酒株式会社（看板広告）

　地元の高知県民がいつも使う方言をキャッチコピー化することで、**「高知県人を注目」**させたのであれば、地元地域の消費量に大いに貢献することになり、ビール会社として戦略上大きな意味を持つ。

　なぜなら、高知県はビール会社にとって重要マーケットだからだ。
　1世帯あたり飲酒費用の統計を表す総務省家計調査の都道府県別飲酒費用ランキングで、**高知県は全国第1位の実績がある。**
　高知県は、なんと全国平均の約**2.2**倍だ（出典：都道府県別統計とランキングで見る県民性サイト／「家計調査」総務省統計局）。

　1人の高知県人"呑んべえ"の目を惹くキャッチコピーを考えること、これは戦略上極めて重要であり、全力で考えなければならない。

　また一方、方言をコピー化したことで私のような高知県を訪れたビジター客の**「県外人を注目」**させたのであれば、幅広い顧客の目を惹くキャッチコピーとしての大役を果たしたと言える。

「どげんかせんといかん」を使った元宮崎県知事も、同じ手法で「県内人」と「県外人」から注目を集めることに成功している。

高知県の話に戻す。

そうそう、普段はアサヒスーパードライを飲む私は、その宴席時に思わず、「『たっすいがは、いかん！』をもう1杯！」と言って、キリンビールをオーダー。

まんまと、キャッチコピーに乗せられてしまった（笑）。

PART 3

★★★

すぐ行動させる

【超訳】
『伝説のコピーライティング
実践バイブル』

1分でわかる『伝説のコピーライティング実践バイブル』攻略のツボ

「戦略を練る」→「グイッと惹きつける」の後は、「すぐ行動させる」の出番である。

「グイッと惹きつける」の主役は、キャッチコピーだった。

ここで紹介する「すぐ行動させる」の主役は何か？

それは、**ボディコピーやセールスレター**である。

ボディコピーやセールスレターは分量が長く、そのため必然的に字が小さい。でも、内容が濃いので、読んでもらい、買ってもらう役割を担っている。つまり、読み手に**すぐ行動させる説得力**が必要になる。

キャッチコピーで惹きつけても、ボディコピーやセールスレターを読んでもらい、読み手に行動してもらわなければ、ここまでの努力がすべて水の泡になる。

読んでもらうだけではダメなのだ。

端的に言えば、１枚超の手紙だけで、読み手から納得してもらってお金を引き出さなければならないので、**真の筆力が試される領域**である。

では、説得力あるボディコピーやセールスレターは、どうやって書けばいいのか？

そのヒントは、『伝説のコピーライティング実践バイブル（以下、『伝コ』）にある。

1937年に刊行され、今日まで80年近く読み継がれているバイブルの要諦は、セールスレターの書き方だ。

行動には、基本動機が６つ──**愛情、得、義務、誇り、気まぐれ、自衛本能**──あり、アピールできる動機を繰り出し、相手の行動を促す検証済秘策を紹介している。そのエッセンスを次に抜粋した。

PART 3
196

- 相手にどういう得があるかを示す必要がある。
- 最強の動機を選び、それを相手の視点だけで説明する。それが相手にとってためになる、相手の信望、能力、安心、家族の幸せをもっと高めることにつながる、と伝える。

出典：『伝説のコピーライティング実践バイブル』104ページ

- 効果的なレターには次の6つの必須要素が含まれている。
  1. 書き出し
  2. 描写や説明
  3. 動機や理由づけ
  4. 保証や証明
  5. 決め手のひと言や不利益
  6. 結び

出典：『伝説のコピーライティング実践バイブル』146ページ

これを引用しながら、さらに著者が超訳する。

この章では、**これだけを外さず覚えておけばいい。**

【 超訳 】すぐ行動させる

相手の立場から 「6フレーム」で書き上げる

読み手にどんな「得」があるかを示すのは、PART2でも触れたが、その源泉は、**徹底的に読み手の立場になって、何が動機か、何を欲しているか、何が問題点なのかを知る**ことである。

すぐ行動させる
197

「6フレーム」とは何か

しかし、これがなかなか難しい。相手の立場より、自分の都合で書いてしまいがちだ。相手の立場でコピーを書くには、時間がかかる。

でも、それを一足飛びにできるのが、次の6要素からなる「**セールスレターの6フレーム**」だ。

セールスレターの6フレーム

1. 書き出し	好奇心をそそって続きを読ませる
2. 描写や説明	提案するものをイキイキと描写する
3. 動機や理由づけ	相手にとってどう役立つかを説得する
4. 保証や証明	信頼性を証拠立て、信頼を得る
5. 決め手のひと言や不利益	不安な気持ちにさせ、ただちに行動させる
6. 結び	いますぐ行動しやすくさせる

（『伝コ』146ページから抜粋、加工）

この「6フレーム」を解説する（以下、「　」内は『伝コ』146ページから引用）。

1. 「書き出し」の型

「相手があれこれ考えているところに調子をうまく合わせて入り込んで注意を引き、相手の関心事との接点を示す。そうやって好奇心をそそって続きを読ませる」

《解説》セールスレターの最初は、「拝啓、時下ますますご清祥の……」ではなく、相手の関心事に合わせた書き出しを書く。ここで目を留めてもらえれば、もっと先を読んでもらえる。

しかし、「関係ないなぁ～」となると、呼び戻すのはほぼ不可能。ワンチャンスしかないのだ！

PART 3
198

そのためには、**訴求する読み手を具体的に限定して**、彼らのメリットとは何か？　**悩みごとは何か？**　を思いめぐらすのだ。

2.「描写や説明」の型

「提案するものをイキイキと描写する。まず大事な点のあらましを述べ、それから必要な詳細に入る」

《解説》書き出しは、相手に注目してもらうことが大事だ。

次に、書き手の考えを伝えるが、肝心なのはわかりやすい言葉を使ってイメージを描かせることだ。読み手は、文字を頭で思い描き、絵を作成する。そのためには、どうしても平易な言葉が必要だ。

3.「動機や理由づけ」の型

「売り込んでいるものを欲しいと思わせたり、してもらいたいことをさせるようかり立てたりする。そのために説明するのは、提案しているものではなく、それが相手にとってどう役立つのか、それによって得られる快適さ、満足感、利益」

《解説》ここまで読み進めてもらうと、読み手の土俵ではなく、書き手の土俵で勝負できるようになる。しかし、**常に相手の立場に立つことが重要だ。**シンプルに言えば、相手にどんな「得」があるかを示す他はない。

4.「保証や証明」の型

「こちらの言っていることが本当だという証拠を示すか、『ご満足いただけなければ全額返金保証』で信頼を得る」

《解説》読み手がここまで読み進めてくれれば、書き手の土俵に入り込んできている。

でも、彼らの内心は「**警戒心**」でいっぱいだ。

そこで、重要なのは**信頼を得る**こと。

具体的には、**証言による根拠づけや、損をさせない後押し**が必要になる。

5. 「決め手のひと言や不利益」の型

「いますぐ行動しなければ、お金や評判、あるいは自分のものになるはずのチャンスを失う、と不安な気持ちにさせて、ただちに行動させる」

《解説》読み手を魚にたとえるのは失礼だが、この段階の読み手は、魚が餌を前に迷い、逡巡している状態である。

「うまい話だな。乗るべきか、乗らないべきか」と悩んでいる。

そこで重要なのは、文章で背中をそっと押してあげることだ。コツは、**読み手が損にならないオファーを強気で押していくことである。**

とりわけ、お客にとっての**不利益はセールスレターの盲点**だ。すすめる商品やサービスを買わないと、**悩みや痛みが解消しないことを明確にする**のだ。

「いいのですか？ このままだと痛みや悩みが解消されませんよ」と不利益を短い言葉で添えることは、対面では行われるが、文面ではあまり行われない。だからこそ、**効果的**だ。

6. 「結び」の型

「すべきこととそのやり方を伝え、いますぐ行動しやすくさせる」

《解説》セールスレターの役目は、相手をその気にさせて検討してもらうことだろうか？

いや、最終目的は「購買」や「注文」である。この段階にきたら、かなり強気でいい。突き放す覚悟で臨んだほうがむしろ効果的だ。

これらの「6フレーム」の展開例は後ほど事例付きで紹介するが、一度声に出して6つの型の「　」内だけ読んでみて、**徹底的に身につけてほしい**。読み手の立場を慮ったセールスレターは売れる。

そして、そのセールスレターは、「6フレーム」を使い、これから紹介する方法を実践すれば、**自動的に書き上げる**ことができる。

PART 3
200

距離を縮める、語りかけフレーズの魔術

セールスレターを書く場合、冒頭に「拝啓～敬具」「前略～草々」などを絶対に使ってはいけない。以下は悪いレター見本である。

いったい、何が「悪い見本」かおわかりだろうか？

悪い例

2015 年吉日

お試しセットご購入のお客様へ

株式会社 ███████████

拝啓、ますます御健勝のこととお喜び申し上げます。

この度は、███████████████ をご購入いただき、誠にありがとうございます。

当社は、『うるおう美肌』のコンセプトから化粧品を開発いたしました。

お試しセットは、1週間ほどの容量ではございますが、当社の考え、お客様へお届けしたいメッセージをコンパクトに込めさせていただきました。

パンフレットも併せて同梱させていただきましたので、是非ご高覧くださいますようお願い申し上げます。

また、お試しセットご購入のお客様には、特別に以下の専用特典をご用意いたしましたので、この機会にご利用いただければ幸いでございます。

【お試しセットご購入者様　専用特典】

●パンフレット記載全商品を定価の 20%OFF でご購入いただけます。

　・期間：お試しセットご購入日から数えて、1ヶ月間

　・回数：本状ご送付のお客様、1回限り

当社商品は、独自の使用方法でこそ効果を実感いただけます。何かご質問、ご不明点あれば丁寧にご説明いたしますので、遠慮なくお電話いただければと存じます。

敬具

株式会社 ███████████

〒███████████████

まず、文章が堅く、書き手の想いが伝わってこない。
結果として、レスポンスも悪い。
書き手の想いが足りなかったのか？
そうではない。書き手である企業は、大変な顧客想いであったが、それを伝える術(すべ)を知らなかったのである。

見てのとおり、冒頭から「拝啓〜」が入ってしまうと、途端にカチカチとした文章となり、書き手と読み手の間に距離感を生み出し、堅い雰囲気を醸しだしてしまう。これは、セールスレターやボディコピーではご法度である。

逆に言うと、セールスレターでは**距離感を縮め、やわらかい雰囲気を演出**しなくてはならない。
ところが、言うは易く、行うは難しい。

13文字の「魔法のフレーズ」

ところが、『伝コ』では、この難しさを一瞬にして打ち砕き、書き手と読み手の距離を縮める「魔法のフレーズ」を6ページにわたって紹介している。
6ページという分量は、700ページ超の分量で1％未満であるが、**絶対に見すごせない、使わずにはいられない部分**である。

それは、以下の**13文字**を文頭に入れるだけである。

空白に入る文字を想像できるだろうか？
次のフレーズを入れるだけである。

「ひとつお願いがあるのですが……、」

　この成果は、著者のロバート・コリアーが実証済だが、なぜ効果があるのか?

　それは、人が1番好意を感じた相手は、**自分が「頼みを聞いてあげたばかりの相手」**だという心理状況からきている。

　想像してみてほしい。

　あなたのもとに1人の若者が相談にくるとしよう。

　彼は、緊張した面持ちで頭を下げながら、口を開く。

「お願いがあります。僕たち、結婚することになりました。
**　ぜひとも、仲人をお願いできませんでしょうか」**

　この相談は、あなたの豊富な人生経験を頼りに、大事なことをお願いにきたというメッセージにあふれている。

　若者は、あなたに尊敬の眼差しをもって礼節を尽くしてきている。慇懃無礼とは真逆の純粋さが感じられる。仲人は重責なので、あなたが受けるかどうかは別だが、悪い気はしないだろう。

　こんな空気感をレターの中で展開するのは至難の業だが、書き出しを「ひとつお願いがあるのですが……、」「ひとつお願いがあります」とするだけで、書き手より読み手のほうが上位に位置づけられ、両者の距離感が一気に近づいてくる。

　しかも、すんなり読み込めて悪い気がしない。

　これを「魔術」と言わずして、なんと表現すればいいのだろうか。

　では、いよいよこの「魔法のフレーズ」(お願いがあります)を用いた事例を3つ紹介する。

　すべて「6フレーム」にも完全符号するので、ぜひ参照し、自分のものにしていただきたい。

すぐ行動させる

展開事例：セールスレター

▶ロバート・コリアーの事例

「オールウェザーコート」のセールスレター（『伝コ』344〜348ページ）を著者が一部アレンジ

1. 書き出し	お客様へ、ひとつお願いがあるのですが。
2. 描写や説明	これまで、当社は人気のレインコートを販売してきました。今年はその従来品に新機能を追加したところ、スタッフから評判がよく、量産すべきかどうか悩んでいます。
3. 動機や理由づけ	そこでお願いがあります。新商品にどれくらい需要があるかを調べるため、どうか、新製品のレインコートを1週間お試しいただけませんでしょうか？ 日頃、ご愛顧いただいているお客様にのみへのお願いです。新製品は本当にすばらしく絶対の自信を持っていますが、そのご感想をお聞かせください。
4. 保証や証明	同封のハガキに寸法を書いて投函いただければ、すぐにお送りしますので、1週間無料でお試しください。当社負担なので、まったく費用はかかりません。
5. 決め手のひと言や不利益	1週間お試し後、ご感想とともにご返却ください。もし、お気に召したら、ご購入もできます。その場合は、新製品のモニター価格なので、通常の半額でご奉仕します。
6. 結び	ご愛顧いただいているお客様のみにご案内しているとはいえ、数に限りがあります。ご購入の際は、申込みが殺到することが予想されますので、今週末までにハガキが到着した方のみに限定させていただきます。いますぐご投函ください。

「オールウェザーコートのパンフレット」

出典:『伝説のコピーライティング実践バイブル』
347ページ

すぐ行動させる

実は、ロバート・コリアーは、このセールスレターを含め、**6種類の
レター検証テスト**を行っている。

その中で、**1番効果的だった**のが、このレターであった。

これだから、検証済法則は、ありがたい。こちらが試す手間が省か
れ、効果がある法則を**ラクラク入手**できるからだ。

人が1番好意を感じる相手は、「**自分が頼みを聞いてあげたばかりの
相手**」という示唆がヒントとなった。なぜなら、「**あなたは私より経験
豊富でいらっしゃる。教えていただきたい**」というメッセージになり、
読者自身がレター主より上位に位置づけられるからだ。

これに着想を得て、ロバート・コリアーは、「**ひとつお願いがあるの
ですが**」のフレーズを試している。

この「魔法のフレーズ」が6種類の中で最も効果的だったが、その具
体的成果はどうだったのか?

実は、新商品と銘打ったレインコートは在庫品であったが、**在庫は一
掃(完売)**され、さらに**2万着の追加販売**に成功し、レターの注文率は
最大3%(かなりの高反応率)の大成功だった。

204ページに、『伝コ』344〜348ページを若干修正意訳したが、「この
6フレーム」に基づき、「魔法のフレーズ」(お願いがあります)ととも
に、見事に読み手との距離感を縮めている。

ここで感心などしてはならない!
いますぐ、自分ゴト化してマネをしよう!

実際に、即座にマネをして結果を出したのが、次の事例だ。

PART 3
206

▶ 神田昌典氏の事例 1

208〜210ページの「学生服」のセールスレターを著者が一部アレンジ

1．書き出し	お願いがあります。
2．描写や説明	お父さん、お母さん、お子様の中学校ご入学、本当におめでとうございます。私にも息子がいますが、赤ちゃんのころから、今までの成長ぶりが、目の裏に浮かびました。
3．動機や理由づけ	嬉しいご入学ですが、その準備はきっと大変なことと思います。入学直前になると採寸に時間がかかり、45分程度もお待たせし、忙しいお母様の時間を無駄にしてしまいます。そこで、お願いがあります。 1月31日までに、ご来店いただけませんでしょうか？
4．保証や証明	そのお礼に、2000円分のワイシャツまたはブラウスをプレゼントいたします。さらに、通学カバンも2100円で特別ご奉仕します。同等品質の商品を比べていただければ、どこよりもお得な買い物ができることは、私どもがお約束いたします。
5．決め手のひと言や不利益	ただ、すべての方にこのサービスをご提供できるわけではありません。ワイシャツ・ブラウスの無料進呈は、1月31日までにご採寸いただいた方限定となります。
6．結び	無料シャツをご希望で1月31日までに採寸ご希望の方は、お手紙を持ってご来店ください。

実際のセールスレター　1/3枚

お願いがあります。

お父さん、お母さん。
お子様の中学校への入学、本当におめでとうございます。心よりお祝い申し上げます。

}　**1. 書き出し**

実は、私にも、息子がおります。長男が入学したときを、昨日のように、思い出します。「もう、中学生になったのか」とうれしさを感じると同時に、赤ちゃんのころから、今までの成長ぶりが、目の裏に浮かびました。

}　**2. 描写や説明**

お母さん、お父さん。ご苦労様です。まだまだ大変でしょうが、お子様のために、頑張ってあげてください。

嬉しい入学ですが、その準備を考えると、正直、気が重くなりませんか？
特に、最近のお母さんは忙しいので、必要な用品をすべて購入するだけでも大きな負担です。学生服、通学カバン、体操着、ジャージ、上履き等。中学校からの指示通りのものを揃えることになります。
多くのご両親は、これらの入学用品の準備を、学校説明会までお待ちになります。それは説明会で「詳しい説明があるだろう」との理由ですが、実際には、説明は 10 分程度で、後は、業者のダイレクトメールを集めて終わりになるケースがほとんどです。

そこで問題が起こります。
学校説明会が終わると、一度に、お客様が、学生服店に殺到することになります。学生服は、丁寧に採寸をするのに 30 分程度、そして、すべて購入が終わるまでには 45 分程度の時間が必要になります。そこで入学直前になると、どの学生服店でも、行列ができる有様です。そのため、あっちのお店に行ったり、こっちのお店に行ったり、結局、学生服を購入するために、何時間もの、お母さんの貴重な時間が無駄になってしまうのです。

直前になると、私どもも大変忙しくなります。ピーク時には、パート社員で対応することになりますので、その分人件費も多くかかります。

}　**3. 動機や理由づけ**

実際のセールスレター　2/3枚

そこで、お願いがあります。

1月31日までに、ご来店いただけませんでしょうか？　そのお礼に、通常2100円～2700円で販売されているワイシャツまたはブラウスを一枚無料で進呈いたします。無料進呈用の安物ではありません。私どもの面子がありますので、きちんとした商品を進呈いたします。

3. 動機や理由づけ

「はは～ん、無料というけど、このワイシャツ・ブラウスは、初めから価格の中に入っているんじゃないの？」そう、思いませんでしたか。

そうでは、ありません。実は、早めにご予約していただけると、私どもの社内の費用負担も少なくなりますので、その分、お礼といたしまして、あなた様に還元しようということなのです。

ご予約されることの特典は、これだけではありません。

さらに通学カバン、夏ズボン、夏スカートのうちから、どれかひとつを2100円で特別ご奉仕します。もちろん、こちらの商品も通常販売商品ですから、品質に妥協はありません。2100円という価格で販売しますと、私どもにとっては赤字になります。しかしながら、先に申し述べました理由で、お客様と私どもが協力することにより、双方がメリットを得ることができるのです。

私どもは、学生服専門店として、現在市内の中学生の5人に2人がご利用していただいております。浦和市内では、最も古い学校用品店です。中学校から信頼を受け、頻繁に連絡を取り、学校の指示通りの商品を販売しております。

これだけ多くの中学校およびご父兄に支持されておりますが、正直、値段だけでくらべますと、一番安い品物を用意している店ではございません。

学生服というのは、普通の洋服とは違います。中学校は活発に活動いたします。「安かろう悪かろう」の商品ではすぐにダメになってしまうのです。そこで、私どもとしては、品質・耐久性に疑問のある、値段が安いだけの商品は販売しておりません。私どもの学生服は、全国でも有数のトップ生地メーカー（ニッケ）とトンボ学生服の一流製造メーカーと共同で製作しております。中国製ではなく、国内で、丁寧に縫製された学生服です。

繰り返し申しますが、「安かろう、悪かろう」の商品はご用意してありません。しかし同等品質の商品を比べていただければ、どこよりもお得な買い物ができることは、私どもがお約束いたします。なぜかといいますと、私どもは、浦和市内では最も実績と経験がある

4. 保証や証明

次頁をお読みください　⇒

すぐ行動させる
209

実際のセールスレター　3／3枚

会社でございます。何十年にわたって学生服をご提供しています。そのために仕入先からの信頼が厚く、他の会社よりも仕入原価が低くなっているためです。

　今年は、同封のパンフレットに掲載されているとおり、特に多くの特典をご用意しています。もちろん、これだけのサービスをすべての方にご提供できるわけではありません。2100円〜2700円相当のワイシャツ・ブラウスの無料進呈は、1月31日までにご採寸いただけた方限定となります。

　それでは、お早めのご来店、心よりお待ち申し上げております。

　　　　　　　　　　　　　　　　　　　　　　　　　　　　　　■■■■■■社員一同

5. 決め手のひと言や不利益

追伸、この時期のお母さんは、たいへん忙しいですよね。私どもでは、お母様のご負担をできるだけ少なくするよう、■■■■独自の、次のサービスをご提供しております。是非、ご利用ください。

- ■　その1　ご自宅で採寸ができます。（お一人からでも結構です。ご連絡ください）
- ■　その2　無料で宅配いたします。（しかも時間が指定できます）
- ■　その3　夏服については、ご来店いただかなくても電話1本でご用意できます。

追伸2、ブラウス、ワイシャツは、すでにあなた様のお名前でお取り置きしてあります。ご来店の際には、このお手紙をお持ちください。お早目のご来店をお待ちしております。

6. 結び

学生服専門店	■■■■■
フリーダイヤル	0120−〇〇〇 - 〇〇〇
TEL	048−〇〇〇 - 〇〇〇
	048−〇〇〇 - 〇〇〇
FAX	048−〇〇〇 - 〇〇〇

出典：神田昌典氏セールスレター事例

神田昌典氏は、『伝コ』の監訳者であるが、その実践者でもある。

まだ同書が日本で出版されていない時代に、598ドル（送料含み当時のレートで約8万円）で、アメリカから『伝コ』の原書『THE ROBERT COLLIER LETTER BOOK』を取り寄せ、読みふけっていたのだ。

ただ読みふけっていたのではない。即座に応用して、従来から携わっていた**雑誌年間購読キャンペーン**をすぐ実践したのだ。

結果として、過去最高キャンペーンの**7倍の売上**を実現した。

その効果に驚くとともに、さらに手を緩めず、他のプロモーションにも展開した。

ここで紹介した学生服の事例は、その展開例である。

結果として、1月の来店数が前年の**0人から69人**に増大し、最終注文数は、目標の1600着から**2000着**へと**25％**伸びた。

コリアーによる実証の定石を試してみて、"自分ゴト化"する。

そうすると、身体に染みついて離れない**一生モノの財産**になる。

そこに血のにじむような努力はあったのだろうか？

失礼ながら、ほとんどないだろう。

コリアーのレターをマネて、主語と対象を取り替えただけかもしれない。しかし、その成果は大きい。

検証済コピーをマネるのは、**労せずして、実りが多いのだ。**

これを実践しない手はない。

次も神田氏の事例だが、今度はフレーズにちょっとした変化を加えている。

すぐ行動させる
211

▶ 神田昌典氏の事例２

213〜216ページの「『ダイレクト・マーケティング実践講座』開発メンバー 6 名募集」のセールスレターを著者が一部アレンジ

１．書き出し	開発メンバー6名募集。 野心的な講座づくりに着手したいので、6名の同行者を探しています。
２．描写や説明	日本復興のために、0から1を創り出す真のマーケッターを必要としています。ロジカルに戦略を組み立て、クリエイティブな発想をするマーケッターが必要なのです。
３．動機や理由づけ	ところが、そういうマーケッターの数が圧倒的に少ない!!　そこで、もしあなたが私の意見に共感できるなら、ぜひ一肌脱いでいただけないでしょうか？
４．保証や証明	集まっていただくのは、高いスキルをお持ちの方にお願いしたいと思います。 これは仕事ですから、責任をもって取り組める方にご応募いただきたく存じます。
５．決め手のひと言や 　　不利益	講座から得られた収益に基づき、参加メンバーでシェアすることにします。
６．結び	ぜひぜひご応募してみてください。 ご縁ものではありますが、それでもきっと何かは、ここからはじまるはずです。 追伸：どんな方が集まってくるのか想像するだけでドキドキしませんか？

実際のセールスレター　1/4枚

『ダイレクト・マーケティング実践講座』

開発メンバー6名募集

神田昌典です。

ちょっと**野心的な講座づくりに着手**したいので、**6名の同行者**を探しています。

少し長くなりますが、この講座を開発する背景をご説明いたしますので、お付き合いください。

1. 書き出し

【解決したい大きな問題】

日本復興のためには、0→1をスピーディに創り出すことができる
真のマーケッターが必要です

ご存じのとおり、インターネットがビジネスのインフラになってからのマーケティングは、いままでとは別物です。もちろん Marketing 1.0、2.0、3.0 へと進化しているという概念的な研究やビジネス書はたくさんあります。

しかし・・・、

- ●ソーシャルメディアの発展で事業に大きな影響力を持つようになった現場担当者は、この進化についていっているでしょうか？
- ●顧客の心を感じながら、マーケティング戦略を企画・実行できる管理職は育っていますでしょうか？
- ●トップがつくる戦略と現場の顧客対応が、大きく乖離し始めていませんか？

以前であれば、現場の担当者は、なにも会社のブランディングだとか、マーケティング戦略とかを理解する必要はありませんでした。

でも、いまは・・・どんな担当者も会社の方向性の理解が必須です。なぜなら、彼らがどのような受け答え ― つまりメッセージの発信 ― をするかで、業績を大きく左右する。フェイスブック、ツイッター、ブログの**メッセージひとつで、新規事業が立ち上がることもあれば、既存事業が一気に失墜**してしまうほどの影響力があります。

2. 描写や説明

実際のセールスレター　2/4枚

逆に、いままでマーケティング戦略を立案することが主たる仕事で、それをクリエイティブな表現に落とし込む作業は、広告代理店まかせ。そのような頭でっかちの管理職が役に立たなくなってきていることは、みなさん、日々の仕事で痛感されているでしょう。マーケットに対する肌感覚をもち、企業理念や商品の魅力を顧客の心にきちんと届けられる人材が育つ環境がなければ、会社は急速に顧客の頭の中から消え去っていきます。

これは一企業にとどまる問題ではありません。いま日本が復興していくためには、0 → 1 を生む革新的なビジネスを短期間のうちに生みだし、世界市場に向けて広げていかなければならない。そのためには、ロジカルな経営コンサルタントのように戦略を組み立てながら、クリエイティブな広告マンのようにマーケティング・メッセージを発信することができる人材。一連の作業をディレクションしながら、結果を出すことができるマーケッターが必要なのですが・・・、

2. 描写や説明

その数が圧倒的に少ない!!

もしあなたが、こうした私の意見に共感できるなら、ぜひ一肌脱いでいただけないでしょうか?

悠長なことはいっていられません。**議論だけでは、もはや沈没**です。
とにかく実行力のある、売る力をもった人材を大量に育成したい。
その目的で、できれば日本発、アジア各国でも通用するダイレクト・マーケティング講座をつくりあげ、一気に才能ある人材を浮上させたいのです。

講座内容は、私が決めるのではなく、たまたま集まった《出会いの深層背景》をもった 6 人 + 私が、全脳思考のプロセスを経て、未来を出現させるプロセスを体験しながら、カタチづくっていきます。

アフター 6 に 4〜5 回集まっていただき、講座全体を企画していきます。グループ全体で講座の方向性を明確化し、その後、ラフ案をグループで組み立てていきます。そのプロセスは「全脳思考」を使って行います。その後、参加者それぞれの才能・経験を反映できるような担当分野を決めますので、各自資料作成をお願いします。ワクワクするような具体的事例のご提供をお願いします。所属企業名等を出す必要はありません。

3. 動機や理由づけ

実際のセールスレター　3/4枚

《集まっていただきたいメンバー》

どれかひとつ、もしくは複数当てはまれば OK です。

➡ いままで、ある程度、名の通った企業で実践してきたが、マーケッターとして実践する側から、そろそろ教えることも通して世にでていきたいと考えている方。

➡ ダイレクト・マーケティングを使った幅広い実践と事例を提供できる方。

➡ コピーライティングだけではなく、マーケティング戦略から立案してきた経験のある方。

➡ ネット環境での、さまざまな集客法に通じている方。

➡ マーケティング効果計測に通じている方。

➡ 海外市場（とくにアジア市場）でのダイレクト・マーケティング経験を積んでいる方。

➡ 今後、当社で本講座を開講する際にご出講いただける方。

➡ お金儲けが、第一の目的ではない方。

➡ チームワークができる方。お互いリスペクトし、相乗効果を生かせる方。

➡ 「これは自分のアイデア」だと権利を主張する人よりも、アイデアは人類の共通財産と考える方。

➡ きちんとした論理的な文章が書ける方。プレゼン資料作成になれている方。

4. 保証や証明

これは仕事ですから、責任もって取り組める
方にご応募いただきたく存じます。

➡ 共同開発された講座から得られた収益に基づき、印税を参加メンバーでシェアすることにします。
※ 但しマーケティング・コンテンツは急速に古くなりますので、印税支払いは、初回講座開催後 2 年間、もしくは大幅にリニューアル・改訂する必要性が生じるまでの期間の短い方とします。

➡ 講座開催の際、ご出講いただいた場合は別途、講師報酬をお支払いします。

➡ 最終的なテキスト制作実務は弊社で行いますが、担当セクションにおいては、講座品質に責任をもてるテキストやプレゼン資料を作っていただきます。

➡ 開発協力者として公表されます。知名度アップに繋がりますので、様々なビジネスチャンスが出版等を含めておつくりいただける可能性があります。

➡ 最終成果としてのコンテンツ権利の取り扱いについては、大手出版社による通常の契約形態に準じたものにいたします。

5. 決め手のひと言や不利益

実際のセールスレター　4/4枚

■実践講座概要

セミナー名	『ダイレクト・マーケティング実践講座』
開催日	6月6日（月） 6月13日（月） 6月20日（月） 6月27日（月）
時間	18：30～21：30（各3時間・計12時間）
開場	18：00～
会場	東京・飯田橋　アルマクリエイションズセミナールーム（2階）
人数	6名様予定

当企画は少人数で講座開発を行うという目的のため、ご応募者多数の場合は、偏りのないチームとなりますよう選考させていただきます。各分野のプロフェッショナルがチームを組むことによる共創を前提にしておりますので、ご応募の皆さまの能力に関わることでは一切ございません。この時点でのご縁ですので、なにとぞご理解いただければ幸いです。

それでも、私はこの講座、本当にできるものなのか、まだまだ疑問です。おそらく完成する確率は五分五分でしょう。しかし<u>作り上げるプロセスにこそ、学びがある</u>。そして<u>完成したら、『凄いことになるんじゃないか！』という直感</u>のある方。

　　　　ぜひぜひご応募してみてください。
　　ご縁ものではありますが、それでも きっと何かは、
　　　　　　ここからはじまるはずです。

追伸、しかし・・・、この講座が完成しようとしまいと、どんな方が集まってくるのか想像するだけでドキドキしませんか？

5. 決め手のひと言や不利益

6. 結び

出典：株式会社ALMACREATIONS（WEB）

　これは、神田昌典氏が新しい講座を立ち上げるにあたり、6名の精鋭マーケッターを募集したレターである。

カリスマ性のある神田氏がパートナーを募集するという意味で、書き手の神田氏が絶対的上位に位置し、その呼びかけに集まるマーケッターは羨望のまなざしで応募するという関係が前提だ。つまり、厳然たる上下関係が存在している。

だが、神田氏が「ひとつお願いがあるのですが」という言葉を少々変えて、「ぜひ一肌脱いでいただけないでしょうか？」という謙虚な姿勢からお願いしている。そのことで、応募者の自尊心と参画意欲が大いに高められた。

フレーズひとつで、上下関係を自在に逆転させた！

結果として、**6名の枠に約200名**の応募が集まり、優秀な人材を集めるために**33倍の競争環境**がつくりだされたのだ。

優秀な人材の確保と育成は、どこの企業でも頭の痛い課題であるが、レターの書き方ひとつで、選り取り見取りの環境をつくりだせる。

「お願いがあるのですが」での効果を体感したうえで、「**一肌脱いでいただけないでしょうか**」と応用すれば、自分オリジナルの必勝フレーズの引き出しが増えていくのだ。

ここまで、「6フレーム」について、レインコート、学生服、人材募集についての事例を紹介してきた。

では、「6フレーム」を使ったら、何でも売れるのだろうか？

結論から言えば、「6フレーム」は、どんな商品にも応用可能だ。
数百万円の商品だって、売ることができる。
たった1枚の手紙（セールスレター）だけで、**1台数百万円もする高級自動車が売れた**、そんな事例を紹介しよう。被験者は私。私自身、セールスレターだけで、その高級自動車を購入してしまった。

すぐ行動させる
217

車好きの私は、あるディーラーの同じ営業マン（アウディジャパン販売の田中大樹さん）から5年間で数台の車を購入してしまっている。

　その営業マンに会ったのは、5年間でわずか3回だ。

　それでも数百万円の購入に至るのは、**1通の手紙**をもらうからである。1通といっても、数枚ではない。

いつも、たった1枚だ。

　積極的にセールスを受ける機会もないのに、高額な買い物をしてしまう。誠実かつ相手（私）を想う1枚の手紙だけが唯一の接点だ。

　手紙の内容は、相手（私）の立場で、私へのベネフィットを提供してくれている。しかし、それだけではない。読み返してみると……、

驚いたことに、手紙は「6フレーム」で書かれていたのだ！

　聞くと、お客様のベネフィットを想い続け、手紙を書いていると、成績が上がり、自然と手紙の技術が身についたのだという。

　結果として、私のような得意客も数多く、アウディジャパン販売のエース営業マンとして年間**最高75台**（同社営業マン平均実績の**2.5倍**）の実績をたたきだしている。1台平均500万円超換算なら1人で**年間約4億円**の売上だ。その成功を"1枚の手紙"が支えていたのだ。

　ここ5年間で、アウディジャパン販売は高価格帯ながら新規ユーザーを開拓し、全世界の販売台数を**2倍**近くに伸ばしている（出典：「産経ニュース」2015年3月30日）。街中でも、アウディ車を見かけることが多くなった。その成功の裏に、エース営業マンの大きな努力と小さな工夫が寄与していた。では、その要約と実際のレターをご紹介しよう。

▶アウディジャパン販売営業マン・田中大樹氏のレター（要約）

220ページの「自動車買い替え購入提案」セールスレター

1．書き出し	本日は、ショールームへお越しいただき、ありがとうございます。新しい車への乗り換えを検討されている時は、その過程が楽しいものですよね。これも何かのご縁だと思っております。
2．描写や説明	今回、アウディの世界に触れていただきたい、との思いからお手紙を差し上げました。私どもはなるべく値引きを抑えたい。お客様は購入費用を抑えたいとの思惑があります。それらを解決するご提案を考えました。
3．動機や理由づけ	一番気にされていた下取価格を社内交渉しまして、△△円から、○○円にてご案内させていただきます。
4．保証や証明	下取価格と低金利により、新しいプランは、現在のお支払いプランと比較しても、ほとんど差（追加出費）がありません。 ・頭金○○円 ・月々支払○○円 ・ボーナス○○円 ・金利○○％
5．決め手のひと言や不利益	11月以降は、下取り価格が悪くなる可能性があります。いまなら、エコカー減税・補助金を合わせると○○円お得です。 良い車を、納得できる条件で購入いただきたく、限界の数字を思い切って提示させていただきました。
6．結び	別紙に、全身全霊をかけたご提案書を同封いたしましたので、ご覧いただければ幸いです。

実際のセールスレター

横田様

突然のご案内をお許しの上、ご拝読いただければ幸いです。

本日はアウディ世田谷ショールームへお越しいただき誠にありがとうございます。
また、数ある車種からアウディにご興味いただき本当に感謝致します。
新しい車への乗り換えをご検討されていらっしゃる時は、その過程が非常に楽しいものです。
こうしてご案内できたのも、何かのご縁だと思っております。

今回、アウディの世界に触れていただきたい、との思いからお手紙を差し上げました。
ただし、自動車は高価なお買い物。金銭が絡んでくる以上、私どもはなるべく値引きを抑えて利益
を確保したい、お客様はなるべく購入費用を抑えたいと、それぞれの思惑が発生いたします。
そこで、それぞれの思惑を解決する横田様へのご提案です。

横田様が気にされていたのが下取価格。
早速、下取価格に関しまして再度中古車部と交渉いたしました。
今回、ご提案として、下取価格 ■■■■→■■■■ にてご案内させていただきます。

（現在のお支払と比較すると…）

	頭金	月々	ボーナス	お支払プラン
現在のお支払プラン	■■円	■■円	■■円	■■残価設定 金利■■%
お乗換えの場合	■■円	■■円	■■円	■■残価設定 低金利■■%

下取価格と低金利プランで、現在のお支払いプランとほとんど差がないプランです。

現在、お乗りのお車は 11 月にモデルチェンジがあり、11 月以降は月を追うごとに下取価格が悪
くなる可能性があります。
ちなみに、エコカー減税、エコカー補助金も対象期間のため、通常より ■■■■ 円減税され、今回
の割引と合わせると合計 ■■■■ 円お得です。

特別なオファーを差し上げましたのは、決して「価格で興味を惹こう・・・」と思った訳では御座いま
せん。
私は、「安くしますから買って下さい」と言うタイプの営業ではありませんが、横田様に少しでも「良
い車を、納得できる条件で購入した」と思っていただきたく、限界の数字を思い切って提示させてい
ただきました。

別紙に、全身全霊をかけたご提案書を同封いたしましたので、ご覧いただければ幸いです。

- **1. 書き出し**
- **2. 描写や説明**
- **3. 動機や理由づけ**
- **4. 保証や証明**
- **5. 決め手のひと言や不利益**
- **6. 結び**

出典：田中大樹氏レター

「6フレーム」のジャンルは、服でも車でも、価格は数千円から数百万円の商品まで応用可能だ。

それは、相手の立場から、メリットを訴求し続けるという**普遍の法則**に基づいているからである。

控えめに書き出し、徐々に強気に踏み込め!

　ここまで、伝説のコピーライターのロバート・コリアー、神田昌典氏、自動車販売のエース営業マンの事例を紹介した。

　どれも「6フレーム」を使っているが、そこに**変化**があるのをお気づきだろうか?

「6フレーム」の順番で、「読み手の土俵」から「書き手の土俵」に移行し、書き手の「言うこと」が次第に**変化**しているのだ。

　書き手は、**はじめは控えめだが、次第に強気になっている**のにご注目いただきたい。

1. 書き出し

2. 描写や説明

3. 動機や理由づけ

4. 保証や証明

5. 決め手のひと言や不利益

6. 結び

控えめに 書き出す

強気に 踏み込む

　書き出しは、読み手に気を遣い、**控えめに書き出す**。

　だが、次第に読み手の警戒心がほぐれだすにつれて、書き手のペース**でグイグイと踏み込んでいる**のだ。

すぐ行動させる

221

単純だが、これを絶対に**逆にやってはいけない**。

つまり、書き出しを書き手のペース中心で強く踏み込んではいけない。なのに、多くの人は、書き出しを書き手のペース全開でやってしまう。

それでは、説得力を持って購買させるセールスレターにならない。

コリアーは、数々の検証を経て、成果を挙げているレターには、ことごとく、この「6フレーム」が入っていることを言明している。

700ページ超の『伝コ』の中で「6フレーム」レシピがわずか1ページ、「魔法のフレーズ」レシピがわずか6ページに公開されている。

ぜひ、マネてその成果を実感してほしい。

700ページ超の同書から最もうまみのある大トロをひとつだけつまみ、実践に落とし込むことに労力はいらない。

だが、**効果は絶大**だ。

書き手にとって**労力が少ない**。
読み手にとって**心地よさがある**。
結果として、ビジネスで**成果が挙がる**。

これがコピーライティングの**魔術**だ。
魔術といっても、特別な練習はいらない。
検証済の型をマネて、少し変えるだけである。
知っているのと知らないのとでは、大きな差が生まれる。

だったら、試し、実感して、
大きな差をつけようじゃないか！

まとめ：PART3　すぐ行動させる
──【超訳『伝コ』】3つの超訳

ここでは、これだけ押さえておけばいい。

【 超訳 】まとめ1
相手の立場で考え、書く

すぐ行動させることがミッションのボディコピー。
セールスレターは、相手の関心や動機を見極めることが不可欠だ。
そのためには読み手の立場で考え、書き出していく他ない。

【 超訳 】まとめ2
「6フレーム」で徐々に説得する

　相手の立場を慮った文章の近道は、「6フレーム」だ。最初は相手の
ペースに合わせ、次第に自分のペースに持ち込む。それが「説得」の順
番だ。

【 超訳 】まとめ3
"魔法のフレーズ"でささやく

　書き手と読み手には絶対的な距離がある。それが、文字に落とすと、
なおさら埋めにくい距離になる。
　そのために、顧客と距離が近くなり、目線が等しくなるフレーズ「**お
願いがあります**」「**一肌脱いでいただけないでしょうか**」などを使って、
相手の心理に働きかけよう。

すぐ行動させる
223

《コラム》
実務の現場で「なかなか筆が進まないとき、どうする?」

私の経験なので、少し恥ずかしいが、読者の方々の参考になればと思い、マイレシピをご紹介したい。

コピーライティングに限らず、企画書の書き出し、プレゼンの準備でなかなか筆が進まない。こんな経験はないだろうか?

とにかく書かなきゃいけない。だけど気が乗らない。発想の神が降りてこない。焦りは募り、時間だけがすぎていく……。

私の場合、実は本書の「著者はじめに」が、まったく書けなかった。
読者のみなさんは、そんなとき、どうされるだろうか?
気分転換など、いろいろ試したが、一向に「発想の神」「筆の神」は降臨してくれなかった。

そこで、助けてくれたのは、本章で手本とした『伝コ』だった。
「6フレーム」をもう一度読み返してみたのだ。

すると、どうだろう。
スラスラ筆が進んだのだ!
2週間まったく進まなかった筆が、いきなり動き出し、わずか**1時間**で**9ページ**を書き上げてしまった。

「6フレーム」は、何かを書き出さなければならないときや、えてして筆が進まないときにも力を発揮する。
いま、思い返せば、なかなか書き出せずにいたのは、読者の立場になりきれていなかったからだ。
本書の「著者はじめに」と照らし合わせて、参考になればと思う。

PART 3
224

本書「著者はじめに」の「6フレーム」

1. 書き出し （好奇心をそそって、 続きを読ませる）	「なぜ売れるコピーが書けないのか？」の問いかけから、続きへ移行させる
2. 描写や説明 （提案するものを イキイキと描写する）	コピーが書けない「3つの要因」を説明し、具体的問題点を提示
3. 動機や理由づけ （相手にとってどう 役立つかを説得する）	コピーひとつで売上が倍増できること、売上倍増のノウハウが10倍速で学べる「ベネフィット」を説明
4. 保証や証明 （信頼性を証拠立て、 信頼を得る）	●売上倍増の実績 ●3大名著の実績 ●豊富な事例を例示 　により信ぴょう性を訴求
5. 決め手のひと言や 不利益 （不安な気持ちにさせ、 ただちに行動させる）	不安は一掃され、10倍速く、10倍濃密なコピーが書ける、ことを再度訴求。 読みたくなるような3つの秘密をほのめかす。 ●ソニー損保、13年連続売上No.1の秘密 ●『龍馬伝』大河ドラマ最高視聴率の秘密 ●街中でアウディをよく見かける秘密
6. 結び （いますぐ行動しやすく させる）	理論と実例がラクラク身につくよう、「理解する」→「使ってみる」→「成果を挙げる」の3ステップで行動を促す

すぐ行動させる
225

「顧客目線」で書き出すことは、常に難しさをともなう。これは、ベテランでも新人でも変わりはない。

私自身、ダイレクトマーケティングに携わり、20余年。顧客目線に立つことほど、忘れやすく、難しいものはない。

今回、「6フレーム」を使って「著者はじめに」を書いたことで、そのことを痛感した。

しかしながら、「6フレーム」は、顧客目線で文章を書き上げるための「エスカレータ」的な役割を担ってくれる。

顧客目線の文章作成へと**自動的に**連れていってくれるのだ。

PART 4

★★★

テスト! テスト! テスト!

異口同音に「テスト!　テスト!　テスト!」

　ここまで、「戦略」→「キャッチコピー」→「ボディコピー・セールスレター」について解説し、その範を「黄金のクラシックシリーズ3部作」に求めてきた。

　戦略は『ザ・マーケティング【基本篇】』と『ザ・マーケティング【実践篇】』。
　キャッチコピーは、『ザ・コピーライティング』。
　ボディコピーとセールスレターは『伝説のコピーライティング実践バイブル』を参照した。
　世界的ロングセラーということが3部作の共通点だが、それぞれ著者も異なり、微妙に得意分野も違う。
　だが、著者であるジョン・ケープルズやロバート・コリアーが異口同音に言い続けていることがある。

テスト!　テスト!　テスト!

　3回続けて、テストだ。

　なぜ、口をそろえ、こうも口酸っぱく（3回も）言い続けているのだろうか?

　それは、**重要なのに、おろそかになる**からだ。

「重要なのに、おろそかになる」理由はこうだ。
「重要である理由」は、**結果は顧客のみぞ知る**という原則があるからだ。どんなコピーライターでも、A/Bテスト（スプリットラン・テスト）の結果を百発百中で言い当てることはできない。
　答えは、顧客のみぞ知るので、試してみないとわからない。

前のPART 3で、ロバート・コリアーは、「**お願いがあります**」という「魔法のフレーズ」が効果抜群であると言明した。

　それは、 6種類のテストを経て、最も反応がよかったレターに「**お願いがあります**」が入っていて、その他5種類には入っていなかったことを突き止めたからだ。

　「お願いがあります」の一文が効果的であることをテストを通じて、顧客から教えてもらっていたのだ。

　次に、「おろそかになる理由」は、テストの検証自体が面倒だからでもあるが、そもそもテストの検証方法を知らない、教わっていないというのが大きい。

　ダイレクト・マーケッターは、テストの検証なしには前に進めない。うんざりするほど用心深い。

　しかし、それはテストの検証のやり方を覚え、その重要さを身に染みて知っているからだ。

　でも、多くのコピーライターは、テストの検証に関する**体系的教育を受けたことがない**。つまり、「売れる答え」を知る術を知らない。

　ここに大きなギャップが存在する。

　そこで、PART 4では、 3部作の著者が異口同音に口酸っぱく言い続けた、**テストの検証方法**を紹介する。地味でもあるが、ここまで学んだことを花開かせるために不可欠なPARTと言えるだろう。

　では、どんなときに、テストの検証方法が必要となるのだろうか？

　前PARTで「 6フレーム」と「お願いがあります」の事例を紹介した。

　ロバート・コリアーの事例を神田昌典氏がマネて、過去最高の**7倍の売上成果**を挙げた事例だ。

　そこで、私のクライアントでさっそく試してみたのが、次のレターで

テスト！ テスト！ テスト！

ある。

　これは、健康食品を販売する企業のセールスレターを少し変えただけだ。

　もっと言えば、コリアーにならって「お願いがあります」を入れただけである。

　結果は、確かに劇的な効果があった！　しかし……。

クライアントのセールスレター

検証済コピーをマネることは、**労せずして、実り多い**……と述べた。

　実際、労力はかからず、反応は**従来の約2倍**になった！

　労力がかからず、2倍の反応なら喜ぶべきだろう。

　だが、喜べない！

　神田昌典氏は、**7倍の売上成果**を挙げていたからだ。

なぜ、7倍にならないのだろうか？

コピーがいけないのか？

それともオファーがいけないのか？

ビークル（媒体）がいけないのだろうか？

　こうして深く考え始めるのが、テスト検証の出発点である。

　では、テスト検証をモノにするために、「理論」から「実践」へと紹介していこう。

テスト検証の体系的理論

テスト検証の厳密な方法は、複雑だ。

統計分析の知識も少しはあったほうがいい。

たとえば『ザ・マーケティング【基本篇】』『ザ・マーケティング【実践篇】』でもページ数をさいて説明しているが、なじみのない読者にはわかりにくい。

そこで、またも「黄金のクラシックシリーズ3部作」にヒントを求めながら、わかりやすく**超訳**していこう。

具体的には、「**テスト項目**」→「**テストパターン**」→「**ノウハウの習得**」の3ステップで進める。

では、「テスト項目」から説明していこう。

1. テスト項目（何を評価するのか）

テストは、最低2種類、もしくはそれ以上のクリエイティブを同条件で一斉配信する。

そして、売上やレスポンス順に並べ、効果の高かったクリエイティブに「**共通する特徴**」、効果が高かったクリエイティブのみにある「**特異性**」を抜き出すのだ。

たとえば、次ページ上図の場合、A、B、C、Dの4種類のクリエイティブテストをして、順位別に並べる。高レスポンスと低レスポンスがくっきり分かれていれば、**低レスポンスはとにかく無視**する。

高レスポンスクリエイティブ群の「**共通する特徴**」、**1位のクリエイティブにのみ存在する「特異性」を抜き出す**ことが、テストのゴールになる。

では、いったい何をテスト項目として評価するのか？

PART 4
232

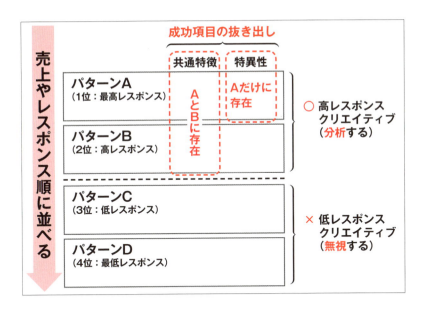

『ザ・コピ』152ページでは、以下の**8項目**を評価項目として掲げている。下記8項目の中で、どの項目のどの要素が効き（成功例）、効かなかったか（失敗例）を記録しなさい、ということだ。

【テスト検証のチェックリスト】

◆**見出し、小見出し**：訴求ポイント、言い回し、文字の大きさ、位置
◆**ビジュアル**：テーマ、大きさ、種類、位置
◆**レイアウトや色使い**：成功例と失敗例の全般的な違いのすべて
◆**コピー**：分量、書体とポイント（文字の大きさ）
◆**オファー**：注文や購入方法も含む
◆**サイズ**：掲載ページに対する広告のサイズの割合
◆**媒体**：媒体名、種類、日刊／週刊／月刊の別
◆**位置**：掲載媒体中のどのあたりに掲載されたか

出典：『ザ・コピーライティング』152ページ

ダイレクト・マーケッターがうんざりするほど用心深い一方で、独自のノウハウがたまるのは、こんな細かい検証をしっかり行っているからだ。検証結果なしには、橋は渡れないし、渡らないのだ。

しかし、8つの評価項目を「記録しなさい」と言っても、たくさんあって大変ではないか、頭に入りにくい！——そんな感想を持たれたことと思う。

実際、8項目をかけ合わせると無数のパターンがつくれてしまうし、直感的にわかりにくい。なじみがないと、検証すら億劫になってしまうだろう。テストが重要なのに、億劫になって行動に移れなければ、本末転倒だ。

そこで、私が本書の狙いに準じ、評価項目を大胆にカットして**超訳**した。以下の**2項目だけ**追っかければいい。

【 超訳 】2つのテスト項目

◆見出し（キャッチコピー）
◆オファー

読み手は、「**キャッチコピー**」で目を惹かれ、「**オファー**」でお得感に背中を押されて行動する。最低、その2要因だけを把握すればいい。

つまり、どんな「**キャッチコピー**」×「**オファー**」のパターンが効果的であるかを判別することで、目を惹き、行動につながる**売れるコピーの法則**を見つけ出すことができるのだ。

2. テストパターン（どうやって設計するのか）

評価項目は決まった。

では、次に「**キャッチコピー**」×「**オファー**」のテストパターンを設計する作業だ。

この手法は、『ザ・マーケティング【実践篇】』の328〜329ページに範があるが、私のほうでシンプルに超訳したのが、以下のマトリクスである。

たとえば、キャッチコピーは「**新情報訴求**」と「**価格訴求**」の2タイプとし、オファーは、「**値引き**」と「**もう1個おまけ**」の2タイプがあるとしよう。

そうすると、テストパターンは、A、B、C、Dの4タイプ（キャッチコピー2タイプ×オファー2タイプ）になる。このようにパターン設計していく。

今回は、テスト項目が2項目（キャッチコピーとオファー）になるよう大胆に超訳したのでシンプルだが、これが8項目になれば、より複雑になってくることがおわかりだろう。

【テストパターンの設計】

テストパターン	テスト項目		順位
	キャッチコピー	オファー	
パターンA	新情報訴求	値引き	―
パターンB	新情報訴求	もう1個おまけ	―
パターンC	価格訴求	値引き	―
パターンD	価格訴求	もう1個おまけ	―

こうして、設計したものを実際、同条件（同じ数、同じ時期、同じ方法）で投下して、後はレスポンスや売上順に並べるのだ。

では、レスポンス結果順で次のように並べたとして、何が見えるだろうか？

【テスト実施後のパターン結果】

テストパターン	テスト項目		順位
	キャッチコピー	オファー	
パターンC	価格訴求	値引き	1
パターンD	価格訴求	もう1個おまけ	2
パターンA	新情報訴求	値引き	3
パターンB	新情報訴求	もう1個おまけ	4

これを眺めるだけではダメだ。

ここから、**どのような分析結果が得られるのかを抜き出さなければ**、独自のノウハウはたまらない。

次は、分析結果の見方について、紹介しよう。

3. ノウハウの習得（どう分析し、次に活かすか）

【テスト結果からの分析】

テストパターン	テスト項目		順位	
	キャッチコピー	オファー		
パターンC	価格訴求	値引き	1	**分析**する
パターンD	価格訴求	もう1個おまけ	2	
パターンA	新情報訴求	値引き	3	**無視**する
パターンB	新情報訴求	もう1個おまけ	4	

● 発見①：「新情報訴求」より、「価格訴求」が効く

● 発見②：「もう1個おまけオファー」より「値引きオファー」が効く

⇓

PART 4
236

- ノウハウ：この商品は、「**安い価格**」が効果的
- 次へのテスト展開：キャッチコピーとオファーは、「**特価訴求**」して試す

　まず、ざっくり高レスポンス（ここではCとD）、低レスポンス（ここではAとB）に区分けして、高レスポンスだけを分析対象にする。

　発見として、①キャッチコピーは、「新情報訴求」より「価格訴求」が効いている。
　次に、②オファーは、「もう1個おまけ」より、「値引き」が効いている。この分析結果をもとに、何かしらの考察をひねり出すのだ。

　考えられるのは、「この商品を購入する顧客は、**価格を重視する**」ということだ。
　その結果に基づき、この商品のコピーには「新情報訴求」は使わず、「**価格訴求＋割引オファー**」が必勝コピーになる。

　この必勝コピーから派生させたテストパターンをつくり、次なる成功パターンへと検証を行っていく。
　これを何度も繰り返すことで、自社独自のノウハウがだんだんたまってくるのだ。

「いや～、ノウハウをためるって大変だ！」
　こんな声が聞こえてきそうだが、ノウハウを蓄積する検証作業は実際大変だ。

　ここまで、テスト検証のやり方をシンプルに超訳したが、やはり面倒だし、泥臭いものなのだ。

だから声を大にして、こっそり言いたい。

「検証済3部作の法則を使うとラクでしょ」と。

　数百、幾千のテスト結果を検証して、成功した上澄み分だけを搾り出して、法則化したことがPART 2、PART 3で紹介したことだ。

　PART 2の「35の型」、PART 3の「6フレーム」と「魔法のフレーズ」を使いこなすだけで、売れるコピーで結果を出すゴールにずいぶんと近道でたどり着くはずだ。

　なにせ、"成果実証済"なのだから。

まとめ:PART 4　テスト! テスト! テスト!　3つの超訳

ここでは、これだけ押さえておけばいい。

〖 超訳 〗まとめ1
テスト項目は「2つ」に絞る

テスト項目は多ければ多いほど発見があるが、複雑になる。

そこでここでは、「キャッチコピー」と「オファー」の2つに絞る。そうすると、運用がラクになるし、これだけでも様々な発見につながる。

〖 超訳 〗まとめ2
テスト設計を「マトリクス化」する

「キャッチコピー」×「オファー」の2項目で2～4種類のテストパターンを設計する。テスト検証後は、そのパターンをレスポンスや売上順に並べ、分析に備える。

〖 超訳 〗まとめ3
「事実」を発見し、「ノウハウ」を考察する

ざっくり、高レスポンスと低レスポンスに区分けしたら、低レスポンスは一切無視し、今後使わないように戒める。高レスポンス群のみを分析対象とし、まず共通する、もしくは特異な「事実」のみを発見しよう。

その「事実」から、考察して「ノウハウ」を搾り出すのだ。

「ノウハウ」は大切に取っておき、次の検証材料に使おう。

テスト! テスト! テスト!
239

《コラム》
実務現場の裏話

　230ページに紹介したクライアント事例では、売上が**約2倍**になったが、神田昌典氏の**7倍**の実績に比較すると物足りないと述べた。

　物足りなさの要因は、「キャッチコピー」なのか、「オファー」なのかを突き止めたく、さっそくテスト検証してみた。

　そこで、4パターンのテストを実施したのが、下図の結果だ。

テストパターン	テスト項目		順位
	キャッチコピー	オファー	
パターンA （当初案）	「ここだけの お願いがあります」	1500円→1000円 に値引き	1
パターンB	「ここだけの お願いがあります」	もう1個おまけ	2
パターンC	「あなただけに 耳寄りな情報です」	1500円→1000円 に値引き	3
パターンD	「あなただけに 耳寄りな情報です」	もう1個おまけ	4

- ●発見①：「ここだけのお願いがあります」フレーズが効く
- ●発見②：「もう1個おまけオファー」より「1500円→1000円に値引きオファー」が効く

　　　　　　　　　　　↓

- ●ノウハウ：当初案の**「お願い＋値引き」**が最も効果的
- ●次へのテスト展開：テスト検証終了

テスト検証の結果、当初案が最も効果的だった。

ここから当初案のパターンAを派生させ、さらなるテストパターンを

つくり、検証する手もある。いや、私は「そうしなさい」とクライアントに教えてきた。

　だが、テスト検証したのは、当初案が効果的か否かを調べるのが目的だった。

「ここだけのお願いがあります」というフレーズと「値引きオファー」のパターンがその他パターンより上回っていることが確認できたので、あえて深追いはしなかったのである。

　テスト検証は何度か続けなければならない。

　だが、テスト検証を繰り返すと、

「もうこれ以上、あんまり変わらない」

という限界点に必ず突き当たる。

　それを見極め、切り上げていくのも技術のうちだ。

　時間は限られているのだから。

　商品のポテンシャルから売上2倍という結果が上限だったのではないかとも思う。

「コピーで伸ばせるこの商品の上限は、せいぜい2倍」

　これもテスト検証から勝ち取れた稀少なノウハウなのである。

PART 5

★★★

超訳サマライズ：
本書を使いこなす

冒頭の「著者はじめに」で、「理解する」→「使ってみる」→「成果を挙げる」の3つの順で読者を案内すると述べた。
前ページまでのPART 1～4を読み進めた現在、ひとつ目の「理解する」を終えたところに位置する。

この「理解する」の後、2つ目の「使ってみる」のプロセスを経なければ、最後の「成果を挙げる」へは到達しえない。

いまは、たとえるなら武道の奥義を頭で学び終えたばかり。
これから、イヤというほど、相手（読み手）と対峙しながら学びを自分自身の身体へ覚え込ませなければならないのだ。

ここまで、英知にあふれる3部作計2000ページ超の約9割を大胆カットし、原書の10分の1の薄さに超訳してきた。それは、何のためか？
もちろん、明確な理由がある。

実践で使ってもらいたいからだ。

読者が実践で使えなければ、成果につながらないので、意味がない。
だからこそ、ハンドブックの薄さにまとめ、イメージしやすい国内事例を取り上げてきた。
PART 1～4まで読み進めて、きちんと理解できただろうか？
理解してくれていることを望みたいが、そこはあまり問題ではない。

これから、**きちんと使うかどうかのほうが、問題**だ。

では、読者に伺いたい。

実践で使えそうか？

YESと答えていただければ、うれしいが、それでも私は疑心暗鬼だ。

使わないのではないか、と。

なぜなら、そんな場面をよく目の当たりにするからだ。

現場のコピーライティング研修では、本書のPART１〜３までの理論を超訳しながら講義する。

そこで、実践力を確かめる演習課題として、こんな質問を投げかけてみる。

たとえば、ソフトバンク孫正義社長からこんなオーダーがきたとする。

「携帯電話は誰もが持つようになり、市場拡大も頭打ちになってきた。

これからは、携帯電話所有者の家族や学生をターゲットにしたい。

ソフトバンクに新規加入したら、その顧客の家族と学生に『ホワイトプラン』の基本料を向こう３年間は無料にするという案を打ち出したい。ついては、簡潔にこのメリットを説明して、目を惹くキャッチコピーを考えてほしい」

孫社長がこのような具体的指示を出すかどうかはわからないが、あなただったら、どのようなコピーを書くだろう？

実は、コピーライティング研修でこれを出題すると、みんな苦戦する。

その理由として、

超訳サマライズ：本書を使いこなす
245

- ●誰に向けて何を書くか、という戦略の基礎
- ●どのように簡潔に表現するか、というコピーライティングの基礎

　これらができていない、という2つの課題があらわになる。

　ちなみに、以下は、2006年の孫社長の発言だ。

「同じ業界に参入する以上は、その分野のトップになりたい。何万軒もあるそば屋さんのトップになるのと、三社しかない携帯電話のトップになるのと、どちらが難しいと思いますか」

　（出典：嶋聡著『孫正義の参謀』〈東洋経済新報社〉）

　なるほど、そば屋は全国で約2万5000店あると言われている。さすがにこの中で1番を取るのは難しいかもしれない。
　しかし、携帯電話会社は、国内に3つしかない。ここなら、ひょっとして1番を狙えるのではないか、こんなふうに考えての発言だったのだろう。

　孫社長は、当時も時代の寵児たる勢いのある経営者だったが、さすがにこれは無理かなと思ったものだ。
　当時のソフトバンクは、携帯電話の大手3社中3番手で、上位は由緒ある巨人たち（NTTドコモ・KDDI）がそびえ立ち、1番手は不可能と思えたからだ。

　しかし、2014年度の売上高において、第1位：ソフトバンク（8兆5041億円）、第2位：NTTドコモ（4兆4612億円）、第3位：KDDI（4兆3336億円）という状況（出典：2016年3月1日現在の各社公開資料）で、ついに、ビリからトップを奪取し、本当に実現してしまった！

　その背景には、ソフトバンク同士だと午後9時から午前1時までの夜

間以外、通話料がタダになる『ホワイトプラン』という当時の戦略が効いている。

実際、2007年5月に、月間契約件数の純増数で首位に躍り出ている。
その戦略を表現したのが秀逸な広告クリエイティブ（『ホワイトプラン』を知らしめるために、"白い犬"を起用）だ。
言い換えれば、わかりやすいクリエイティブやコピーライティングがなければ、戦略は機能しなかっただろう。

では、冒頭のお題に対するソフトバンクの実際のコピーはどうか。
リズムよく特長を打ち出したプロの合わせ技コピーがこれだ。
実は、PART 2で紹介した「キャッチコピーの2つの型」が盛り込まれている。

《型30「3ワード見出し」＋ 型13「無料提供」活用例》
最強コピー例：「学生！ 家族！ 3年！ 0（タダ）」

出典：ソフトバンク株式会社（WEB）

先に触れた受講生が苦戦した2つの課題を覚えているだろうか？
結果を出しているコピーは、2つの課題を見事に克服していることがわかる。

●**誰に向けて何を書くか**

という戦略の基礎ができていない。

　　→誰に、何の価値があるかの戦略が事前に練られている

●**どのように簡潔に表現するか**

というコピーライティングの基礎ができていない。

　　→リズム感を持った「型」を使い、戦略を簡潔に表現している

　この場合の戦略でターゲットとなる顧客は、家族である妻や、学生の子息を持つお父さん＝決裁者がターゲットだ。そのターゲットの１番の悩みは「出費」。１人分が３人分に増えることでまず心配するのは、出ていくお金である。

　そこで「**ターゲット×提供価値**」という戦略を練ると、「**0**」と書いて「**タダ**」と読ませるコピーができあがる。

　現代の国内成功事例にも、1932年に原書が刊行された『ザ・コピ』にある最強の型が、巧みに取り入れられているわけだ。

　さて、私の研修受講者のことに話を戻そう。

　１日７時間の研修現場では、「戦略の基礎」「コピーライティングの基礎」ができてないことを確認した後に、演習に次ぐ演習を繰り返すことで、ようやく戦略が描けるようになり、売れるコピーらしきものが書けるようになる。

　学んだことを身につけるには、繰り返し実践で使うしかないのだ。

　では次に、実践で使うとはどういうことか、具体的に紹介しよう。

PART 5

実践で使う = マネする、応用する

　ここからは、実践フェーズなので、"自分ゴト"として、どうやって実践で使うかのヒントを紹介する。

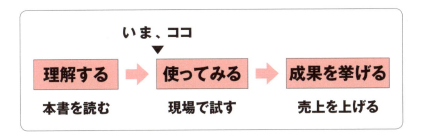

　実践で使うヒントというのはシンプルだ。

マネして、応用するだけである。

　たとえば、ある音楽講座の生徒募集のコピーを考えてほしいと依頼があった。あなたならどう考えるだろうか？

　PART 2『ザ・コピ』著者のジョン・ケープルズは、次のコピーで成果を挙げた。
　1925年に書かれた伝説のコピーとしてあまりに有名なものだ。

「私がピアノの前に座るとみんなが笑いました。でも弾き始めると──！」

出典:『ザ・コピーライティング』13ページ

売れに売れたコピーだが、**法則**がある。

文章の中で「**動**（弾き始める前のザワザワする嘲笑）」と「**静**（弾き始めた後の息を飲む驚き）」を描き、読み手の**好奇心**を誘っているのだ。思わず、続きが読みたくなる。「動」と「静」のギャップが大きければ大きいほど、**好奇心をくすぐる**ことができるのだ。

ここからヒントを得て、模倣し、"自分ゴト"に取り込むのが、あなたに必要なことだ。

すでに検証済の例文なので、法則を上手に取り入れれば、ゼロから考えるよりずっと近道になる。

かつて、アメリカでこのコピーを例文として巧みにマネたボクシング記事のヘッドラインを見たことがある。

> 「最新鋭戦闘機と旧式プロペラ戦闘機が戦う
> "喜劇（コメディ）"が始まった。
> しかし、その喜劇が終わったとき、笑っている
> 者は誰もいなかった」

ホリフィールド(左)　対　フォアマン(右)

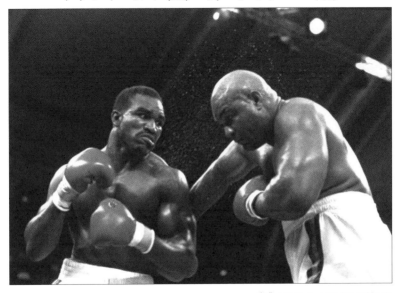

出典：Getty Images Sport Classic

　1991年4月19日に行われた「世代間の戦い（The Battle of the Ages）」と呼ばれた伝説の試合だ。
　当時、脂の乗り切った28歳の統一王座ホリフィールド（最新鋭戦闘機）に挑んだ42歳のフォアマン（旧式プロペラ戦闘機）は、年齢が離れ、実力差がありすぎる滑稽な試合とみなされていた。
　しかし、予想を裏切り最終回まで拮抗した好勝負に、誰もが感嘆した。
　その試合内容を端的にドラマチックに伝えている（結果は、老齢フォアマンの善戦があったが、12回戦判定でホリフィールドが辛勝）。

「動」と「静」を描き、読み手の好奇心を誘う法則

　この記者は、おそらく全米で流行したケープルズのコピーの「韻」を踏んだのだろう。どのような「韻」かというと、ケープルズがピアノのコピーで使った「動」と「静」の「韻」だ。

	動 ➡	静
ケープルズの音楽講座	私がピアノの前に座るとみんなが笑いました。	でも弾き始めると――！
ボクシングのヘッドライン	最新鋭戦闘機と旧式プロペラ戦闘機が戦う"喜劇（コメディ）"が始まった。	しかし、その喜劇が終わったとき、笑っている者は誰もいなかった

　優雅なイメージの「ピアノ」を荒々しい「ボクシング」にマネるなんて、なかなか結びつかない。
　しかし、それらの字面にとらわれて諦めてはいけない。

　重要でマネるべきは、「『動』と『静』を描き、読み手の好奇心を誘う」という法則だ！　この記者のように、ぜひマネてみてほしい。

　単語は、入れ替えるだけでいい。

法則を理解し、まさに使おうとしているいまから、成果を挙げるゴールまでは、あなたの努力にかかっている。

　左下の図で見ると、その道のりは長い。しかし、検証済法則を実践で使うことで、その道のりは意外にも早く走破できる。

　ここまで、「**実践で使ってほしい**」と繰り返すのには、理由がある。

　対面の研修とは異なり、読者の方々へは本書を通じてしか、**私の言葉を伝えられない**からだ。

　パタンと本書を閉じられたら、私の言葉や熱意、想いを伝える術が奪われてしまう。

　そこで、最後に読者が成果というゴールにたどり着くために、本書の学びを得て、実践で使ってもらうことを願い、これまでの総括として体系的習得法を3つ紹介しよう。

　本書を閉じた後も、ここまでの学びを思い出すのに役立つはずだ。

　ひとまず、私の「言葉」は、ここで終わる。
　読者1人ひとりの成功を願ってやまない。

健闘を祈る！

【『最強のコピーライティングバイブル』体系的習得法】

1. 「幹」と「枝」に分けて理解する

何事においても、「幹（本質）」と「枝（付随）」があり、2つに分けることができる。

たとえば、語学習得においては「幹＝文法」であり、「枝＝単語」である。本書で紹介したコピーライティングにおいては、「**幹＝戦略・型・フレーム**」であり、「**枝＝事例・実績**」だ。

しっかりと根づいた幹の上には、華やかな枝葉が咲き誇る。つまり、「戦略・型・フレーム」を身体に覚え込ませて、豊富な事例を学び取り、自分だけの新たな事例をつくり上げていただきたい。

2. 1枚にまとめて、頭のポケットに入れる

名著3部作が使いこなせない要因は、分厚すぎて頭のポケットに入らないからだ。そのために、本書をさらに1ページにした「**超訳サマライズシート（シートA）**」を次ページに添えた。

これは、各章のまとめを1枚にしたものなので、これだけは、頭のポケットに入れておいてほしい。いざというときに、頭のポケットから取り出し、すぐ使いこなせるはずだ。

3. 1枚のプランシートを使い倒す

各PARTの諸注意事項を1枚にまとめた「超訳サマライズシート（シートA）」は、頭に入れるものだ。

それとは別に、現場でコピーを書くときに役立つ「**超訳1枚プランシート（シートB）**」も256ページに添えた。いきなりキーボードに向かう前に、鉛筆片手に書き出し、アイデアを整理してみるといい。

本書を読み終わり、私の言葉が届かなくとも、上記3つを励行すれば、売れるコピーを書く力が必ず身につく。門外不出となるような、あなた独自の「秘伝の必勝コピー」を自分の手でつかみ取っていただきたい。

【超訳サマライズシート（シートA）】

各章の超訳まとめ

PART1 「戦略を練る」（超訳『ザ・マケ』）

- いきなり書くな、まず「戦略」を考えよ
- 戦略とは、「ターゲット×提供価値」
- 「捨てる（OUT）」→「残す（IN）」に分け、ひとつに絞る

→64ページ

PART2 「グイッと惹きつける」（超訳『ザ・コピ』）

- 「キャッチコピー」が1番重要
- 検証済2大法則は、「相手の得」と「新情報」
- マネして、入れ替え、"自分ゴト化"する

→189ページ

PART3 「すぐ行動させる」（超訳『伝コ』）

- 相手の立場で考え、書く
- 「6フレーム」で徐々に説得する
- "魔法のフレーズ"でささやく

→223ページ

PART4 「テスト！ テスト！ テスト！」

- テスト項目は「2つ」に絞る
- テスト設計を「マトリクス化」する
- 「事実」を発見し、「ノウハウ」を考察する

→239ページ

超訳サマライズ：本書を使いこなす

【超訳1枚プランシート(シートB)】

[使い方]
シートの空白部分を埋めていくだけ。コピーして何度も使おう。

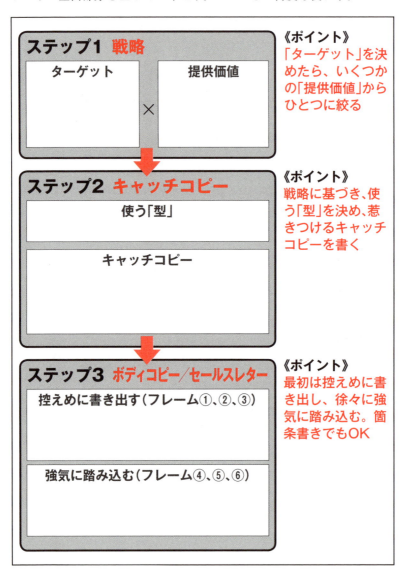

おわりに

　世の中を支配する 2 つの大きな力がある。

「**言葉**」と「**数字**」だ。

　人は、「言葉」によって影響され、「数字」によって管理されている。

　だが、 2 つを比較すると、「**言葉＞数字**」の図式になる。つまり、言葉の影響のほうが大きい。

　私たちは、「時間」や「お金」という「数字」によって管理されてもいるが、戦争を引き起こすのも、恋愛するのも別れるのも、「言葉」の影響が大だ。

　実際、文中で紹介したように、日本航空（JAL）とJR東海はコピーライティングという「言葉」でビンタを張り合っていた（→65ページ）。

　執筆が佳境に入った2015年は、日本にとって戦後70年だった。

　現代からさかのぼること70年前は、「ほしがりません、勝つまでは」という「言葉（スローガン）」により、国民が支配されていた。

　一方で、70年前に制定された日本国憲法の「言葉」の解釈をめぐって、集団的自衛権の是非が問われるなど、時代の変遷を経てもなお、常に「言葉」の影響を受けている。

　その「言葉」をビジネススキルへ昇華させたのが、「コピーライティング」だ。

私がそのコピーライティングの力をまざまざと見せつけられたのは、まだ、かけだしの頃に担当した「まんじゅう」の体験にさかのぼる。もう20年以上前の話だ。

当時、食品のプロモーション担当だった私は、ある「まんじゅう」を担当していた。売れなくもないが、爆発的には売れない「普通の子」だった。

ただ、実食してみると、まんじゅう独特のパサパサ感がなく、薄皮であんがギッシリ入っていて、とてもおいしかった。

調べてみると、1度購入したらリピーターがつくロングセラーだったが、新規購入者が増えずに、いつまでたってもパッとしない「普通の子」のままだった。

そこで、新米でヒマだったこともあり、コピーを工夫してみることにした。

それまでは、「おいしい、おまんじゅう！」という平凡なコピー。コピーに寄り添うビジュアルは、数個のまんじゅう画像だけ。

そこで、真ん中からパックリ割ってあんがギッシリ入っている写真を撮り直し、「ここまであんがギッシリ。だからおいしい‼」という新しいコピーに書き直した。

新しいコピーになって数日後、コールセンターの電話がひっきりなしに鳴った。
まんじゅうの注文が殺到しているではないか！
キャッチコピーを変えるだけで、「普通の子」が輝きだしたのだ！

結果として、従来の**3倍以上の売上**になり、その後も伸び続けた。

顧客データを分析すると、従来購入者はそのままで、新規購入者が格段に増えていた。つまり、**新しいコピーは新規購入者に刺さった**のだ。

　この経験は、**コピーひとつで成果を何倍にも伸ばせ、ターゲットを見据えた戦略は成功する**ということを痛烈に教えてくれた。

　私は自信がつくとともに、**6000以上の商品で試し、**ダイレクトマーケティングやコピーライティングの世界にどっぷりハマっていった。

　本書を書くきっかけは、その経験の延長線上にある。

　かつて「黄金のクラシックシリーズ3部作」について、私が60分で解説する登壇機会があった。

　それは、3部作の監訳者である神田昌典氏が主催するセミナー勉強会の場で、受講者のほとんどは、事前に3部作を読み込んでいた。

　だが、簡単なコピー演習を出題すると、3部作を読み込んでいるはずの受講者が答えられない。それどころか、書籍にある肝心のエッセンスすら覚えていなかった。

「これはもったいない。私がかけだしの頃、コピーライティングにハマったあの楽しさを体系的に身につけてほしい」

　これが、本書執筆のきっかけだった。

　トントン拍子に出版企画が決まったものの、そこからが難産だった。

　それは、担当編集者からの3つのリクエストを同時にかなえなければならなかったからだ。

● **3部作計2000ページ超のエキスを、たった1冊に凝縮する**
● **現場ですぐ使える構成で、再現性のある1冊にする**
● **3部作の海外事例を、すべて「国内成功事例」にする**

おわりに

ハッキリ言って、これは難しい。相当な力量が求められる。だって、3部作の本家本元ができていないことを実現せよ、と言われるに等しい。

3部作の監訳者、神田昌典氏に相談してみるも、
「コピーライティングは、センスがモノを言う世界だから、体系化は難しいかもね……」
と困難のお墨つきをもらってしまい、突破口の糸口がまったく見えない……。

担当編集者から書いてはダメ出しされ、修正の繰り返し。
旺盛な意欲も萎えかけた。
すべて彼の辛辣な「言葉」によるものだ。

曰く、「このままでは、ダメ。難しいですね。それに、ちっとも本気度が伝わってきません。退路を断って臨まなきゃ出版はムリですね」

結果として、執筆は遅れに遅れ、出版企画承認から上梓まで約3年を要した。
あきらめかけた暗く長いトンネルの中で、一筋の光明のごとく支えとなったのは、これまた担当編集者の「言葉」だった。

「でも、横田さんなら、長く残り、日本人のための日本人による、体系立ったコピーライティングの教科書がつくれるのではないか、それだけのご経験をされているのではないか。戦後70年。価値ある本を！」

編集者がわずか数行のメールに打ち込んだ「言葉」をいつも机上に貼りつけ、励みとし、頼りとし、望みとした。
3つのリクエストに応えながら、インタビュー、調査を経て、ここまで書き終えることができたのは、この「言葉」が原動力となったからだ。

「言葉」、そして「コピーライティング」に秘められた力。その威力、そのすごさをいま、改めて実感している。

コピーひとつで成果を挙げる。仕事を動かし、人を動かす。コピーという「言葉」には、人生を変える力がある。体験済の私が保証する。

本書が、読者の行動を後押しし、成果と自信につながる……。そうなれば、著者としてこれに勝る喜びはない。

本書は名著3部作を凝縮しているが、余力があれば、ぜひとも3部作の原典を精読してみてほしい。1冊にまとめる制約上、泣く泣く9割をカットした原典には、珠玉の教えが詰まっている。また、本書と3部作を照合することで、エッセンスを抜き出した本書の意義を、よりいっそう理解することにも役立つはずだ。

最後に、監修・解説者の神田昌典氏、ご縁をつないでくれた城所奈乃子氏、そして叱咤激励しながら伴走いただいた編集担当の寺田庸二氏に、この場を借りて最大の感謝を申し上げたい。
また、難解な原書をわかりやすく日本語訳された3部作の翻訳者である齋藤慎子氏、依田卓巳氏にも心から感謝したい。
「言葉」を扱うプロ中のプロである彼らと一緒に、「言葉」をつむぐ仕事ができたことを誇りに思います。ありがとうございました。

2016年4月吉日
横田伊佐男

《謝辞》

　本書執筆にあたっては、各方面の有識者・スタッフから多大なアドバイスとご協力、気づき、ご指導の機会をいただきました。

　みなさまのご尽力なくして、本書出版は実現しえませんでした。

　インタビューさせていただきながら、掲載に至らなかった方々も含め、ここに感謝の意を表します（順不同）。

●株式会社ALMACREATIONS代表取締役・神田昌典氏

●有限会社デスク・エム・城所奈乃子氏

●日本ダイレクトマーケティング学会理事・藤田浩二氏

●ジュピターショップチャンネル株式会社代表取締役社長・篠原淳史氏、キャスト・北條真紀子氏

●株式会社ハルメク代表取締役社長・宮澤孝夫氏

●アプロス株式会社代表取締役・鈴木敦氏

●株式会社JALカード執行役員・山田勝也氏

●楽天カード株式会社常務執行役員・幡鎌大介氏

●株式会社アイ・エム・プレス代表取締役社長・西村道子氏

●株式会社TMJ経営戦略本部本部長・澤田隆氏

●株式会社東京ドーム部長・市川良輔氏

●アウディジャパン販売株式会社・田中大樹氏

●HRコンサルティング株式会社代表取締役・佐藤昌義氏

●ティーライフ株式会社代表取締役社長・植田伸司氏、
　取締役・萩原俊彦氏

●株式会社ソキュアス代表取締役・川近充氏

●株式会社売れるネット広告社代表取締役社長・加藤公一レオ氏

●株式会社アドブレイブ代表取締役・山本篤廣氏

●ニッポン高度紙工業株式会社人事課課長・高橋寿明様

●株式会社クックパッドベビー代表取締役社長・安田啓司氏

●ソーシャルメディアコンサルタント・田村憲孝氏

●株式会社ダイレクトマーケティンググループ代表取締役・田村哲二氏

●DMGコンサルティング株式会社代表取締役・藏内淑行氏

●株式会社ワントゥーワン代表取締役・田代邦彦氏

●株式会社千趣会執行役員・中山茂氏

●インタセクト・コミュニケーションズ株式会社
　営業統括部部長・塔筋栄作氏、道明翔太氏

●株式会社レバレッジCEO・只石昌幸氏

●城南コンシェルジュ不動産店長・北村恭典氏

●エンパシーデザイン・ラボ主宰・中野巧氏

●パタゴニア日本支社・但馬武氏

●横浜国立大学大学院国際社会科学府・研究院教授・谷地弘安氏

●川島税理士事務所・川島洋一氏・川島卓朗氏

●真和総合法律事務所・平塚雄三氏

●イデアコンサルティング代表社員・伊東大介氏

●佐藤洋一氏

●吉岡さやか氏

●河合深雪氏

●市川浩子氏

《参考文献》

●ジョン・ケープルズ著、神田昌典監訳、齋藤慎子＋依田卓巳訳
　『ザ・コピーライティング』（ダイヤモンド社、2008年）

●ロバート・コリアー著、神田昌典監訳、齋藤慎子訳
　『伝説のコピーライティング実践バイブル』（ダイヤモンド社、2011年）

●ボブ・ストーン＋ロン・ジェイコブス著、神田昌典監訳、齋藤慎子訳
　『ザ・マーケティング【基本篇】』『ザ・マーケティング【実践篇】』
　（ダイヤモンド社、2012年）

●大西孝弘著『孫正義の焦燥』（日経BP社、2015年）

●嶋聡著『孫正義の参謀』（東洋経済新報社、2015年）

●西村行功『「未来を読む」ビジネス戦略の教科書』（毎日新聞出版、
　2015年）

索引

[数字・アルファベット]

1枚超訳・キャッチコピー「最強35の型」…… …………………………………77
「1ワード見出し」にする…………………160
13文字の「魔法のフレーズ」……………202
「2015年3月7日16時いよいよ開通」………94
2つのガイドラインに関する質問………48
「2ワード見出し」にする…………………162
「3ワード見出し」にする…………………164
「3.12 九州新幹線全線開業」……………95
「3.14開業」…………………………………94
「3・26 2016 物語がはじまる、北海道新幹線。」…………………………………93
35の見出しの型………………………………34
「4月、入間が変わる。三井アウトレットパーク入間 リニューアルOPEN！」…………84
「40周年ありがとう。ドーナツ100円セール」…………………………………104
「40代、血圧が高めと言われた。」…………175
「44歳、元気がとまらない！」……………185
「49歳から人生一変！」……………………185
「50代。からだなんて いまから作り直せる。」…………………………………183
「52歳、妻を喜ばせたい！」………………186
「52歳で、世界が一気に！」………………186
「6月9日(水)はビール1杯無料！」………112
6フレーム………………………………198,223
「60代。『あの人、年とったなぁ』と思ったら、同い年だった。」……………………183
「60代。夜中に、何度も起きる。」…………184
「8月11日解禁」……………………………91
A/Bテスト(スプリットラン・テスト)…76,228
Action(行動させる)…………………151,153
AIDAの法則…………………………………63
ALL IN ONE……………………………12,28
Answer(答える)………………………151,153

Ask(問う)………………………………151,153
「au新商品発表会」…………………………82
iPhone…………………………………………50
JAL……………………………………………65
JR東海………………………………………65
KDDI株式会社………………………………82
「LTEパケット代が、わずか900円(税込972円)/月から。」……………………109
MSD株式会社………………………………174
NHK…………………………………………166
OUT(捨てる)→ IN(残す)………………52
"SUCCESSFUL DIRECT MARKETING METHODS,Eighth Edition"……………31
"Tested Advertising Methods Fifth Edition"…………………………………34
"THE ROBERT COLLIER LETTER BOOK"………………………………211
「U25応援割 25歳以下のあなた！」………174
"UNLEASHING INNOVATION──HOW WHIRLPOOL TRANSFORMED AN INDUSTRY"………………………………5
USP(Unique Selling Proposition)…52,66,136
Y!mobile…………………………………105,106

[あ行]

相手の得……………………………………189
アウディ……………………………………17
アウディジャパン販売……………………218
「暑さに『救心』。その理由は…」…………134
「アドバイス」という言葉を入れる………128
「あなたのご家族やご友人に こんな方はいませんか？」……………………………137
「あなたはどっち!?」………………………136
アメリカンファミリー生命保険会社……… …………………………………137,138
アメリカンホーム医療・損害保険株式会社… …………………………………59

索引
265

アメリカンホーム・ダイレクト ……………59
イオン株式会社 ………………111,173
イオンフィナンシャルサービス株式会社……
………………………………103
「いま、限定『桑田缶』先行モニターキット、
　1万名様にプレゼント！」……………87
「いま、さあ、ついに」で始める ……………87
「いまはまだ買わない」ように伝える………168
インターネットダイレクトマーケティング…
………………………………32
「生まれ変わるための第2弾 全館全品 売り
　つくし 最大50％OFF」………116
「笑顔を2倍！ 輝きを2倍！ 元気を2倍！」
………………………………166
エヌ・ティ・ティ・コミュニケーションズ株
　式会社 ………………………109
「エピソード」を伝える ……………121
「"おいしさの集大成"がボトルにギュッ！
　『お～いお茶』が新しくなりました。」……96
黄金のクラシックシリーズ ………13,29
「おうすいところはございませんか？」………
………………………………176
「オールウェザーコートのパンフレット」……
………………………………205
「お願いがあります」………203,223
オファー ………………100,234
音楽講座の生徒募集のコピー ……………249
「女の子の登校率が上がると、子どもの死亡率
　が下がる。なぜでしょう？」………157

［か行］

価格訴求 ………………77,102,114
「価格訴求」5つの型・現場で使える3つの超
　訳ヒント ………………114
「価格訴求」5つの型と主な実績 ……………102
「価格訴求」の最強キャッチコピー「5つの
　型」………………………102
「価格」をメインにする ……………103
書き出し ………………198
「学生！ 家族！ 3年！ 0(タダ)」………113,164,247
「学生服」のセールスレター ……………207

「各店限定各5セット 4本¥10,800 タイヤが
　安い！」………………107
「書くな、まず考えろ！」……………46
『学年ビリのギャルが1年で偏差値を40上げ
　て慶應大学に現役合格した話』………124
カゴメ株式会社 ………………91,92
「カゴメトマトジュースPREMIUM」は完売
　いたしました。………………92
「勝ちに不思議の勝ちあり、負けに不思議の負
　けなし」………………61
「合体、ドーン!!」………………162
画期的アイデアに不可欠な創造性とテスト…
………………………………32
「買った分だけ、タダになる！ 0円にしちゃ
　います抽選会」………………111
仮定の「（もし）～なら、（もし）～しても」を入
　れる ………………………147
株式会社アイム ………………136
株式会社イエローハット ……………107
株式会社伊藤園 ………………96
株式会社NTTドコモ ………………144,174
株式会社大塚家具 ………………116
株式会社KADOKAWA ………………124
株式会社Q ………………158
株式会社金曜日 ………………168
株式会社元気堂本舗 ………………97
株式会社再春館製薬所 ………………143
株式会社資生堂 ………………170
株式会社ジャルパック ………………69
株式会社ダイヤモンド社………………131
株式会社大和書房 ………………129
株式会社ダスキン ………………104
株式会社ティーエージェント ……………174
株式会社長崎ケーブルメディア ……………89
株式会社ノジマ ………………139
株式会社ビッグモーター ……………139
株式会社ファーストリテイリング ……108,141
株式会社フィリップス エレクトロニクス ジ
　ャパン ………………………171
株式会社富士フイルム ヘルスケア ラボラト
　リー ………………………163

株式会社マイナビ……………………145
株式会社山田養蜂場……………134,166
株式会社楽天野球団…………………112
株式会社リョーマゴルフ……………160
考える・2つのガイドライン………48
神田昌典……………1,13,30,34,37,211
神田昌典氏のセールスレター…208,213
神田昌典氏の事例……………207,212
キーワード訴求………………77,127
「キーワード訴求」10の型・現場で使える
　3つの超訳ヒント…………………150
「キーワード訴求」10の型と主な実績…………
　…………………………………128
「キーワード訴求」の最強キャッチコピー
　「10の型」……………………………127
季語…………………………………100
決め手のひと言や不利益………197,198
キャッチコピー……………62,74,234
キャッチコピー「最強35の型」……77,78
キューサイ株式会社…………………179
九州旅客鉄道株式会社………………95
救心製薬株式会社……………………134
キユーピー株式会社…………………83
「教育」の不在………………………10
興味（Interest）………………………63
麒麟麦酒株式会社……………………192
キリンラガービール…………………192
「菌は見えない！だから、キレイに見えても、
　1日1回、ラク技除菌!!」……………146
グイッと惹きつける……………40,71
「比べてください『磨き』を超えた新体験　ご
　満足いただけなければ、全額返金いたしま
　す！」………………………………171
強力な変革力……………………………4
クリエイティブプロセスの管理………32
経営戦略…………………………………7
「化粧なおしは面倒、と約86％の女性が思っ
　ています。」………………………170
健康コーポレーション株式会社……178
健康スタイル…………………………130
『検証済広告の手法（第5版）』………34

検討済35の型…………………………75
「検証」の不在…………………………10
現場で使える3ステップ………………40
公益財団法人日本ユニセフ協会……157
好奇心…………………………………76
広告主から相手に「直接」語りかける…………
　…………………………………170
広告の父……………………………34,72
「広告の父」デビッド・オグルヴィによる第4
　版へのまえがき……………………73
厚生労働省……………………………148
行動（Action）…………………………63
「コーヒー好きな方必見！　マシン代金無料」
　…………………………………113
国内成功事例………………………36,42
「ご紹介」で始める……………………81
「ご存じでしたか？　Yahoo!プロモーション
　広告の便利な仕組み」……………149
古典的ダイレクトマーケティング手法…………
　…………………………………114
「このハリも、弾力も、輪郭も。ぜんぶ本物。」
　…………………………………143
「このマークがあれば、水着も！　おうちで洗
　えるって知ってた？」……………171
コピーライティングスキル……………54
「これが、世界最速LTE！」…………144
「これ、この」で始める………………143
これまでの書籍購入者に救われたキャンペーン
　…………………………………38

［さ行］

「さあ、旅に出よう。北海道へ。」……88
『最強のコピーライティングバイブル』体系的
　習得法……………………………254
「最近、ハグキが弱ってきたみたい」「年齢の
　せい？」……………………………156
在庫一掃セール………………………114
最大割引インパクト…………………117
「昨年度、6500人に100万円を超える過払い金
　があり　無事に返金手続きを終えました」
　…………………………………119

索引
267

『ザ・コピーライティング』……2,13,34,72,250
サッポロビール株式会社…………87
「査定だけでも大歓迎！　他店より１円でも
　安ければご相談ください！」……139
『ザ・マーケティング【基本篇】』………2,14,30
『ザ・マーケティング【実践篇】』………2,14,31
サンスター株式会社……………97,156,164
サントリーウエルネス株式会社………158,182
サントリー食品インターナショナル株式会社
　……………………………85
実学の教科書……………………31
「質問形式」にする…………176
「自動車買い替え購入提案」のセールスレター
　………………………219
「支払いの簡単さ」をメインにする………109
『自分の小さな「箱」から脱出する方法』……129
司法書士法人　新宿事務所………119
「週２回以上、お化粧が面倒くさいと思う女性
　の皆様へ！」……174
首都高速道路株式会社…………94
「証言スタイル」にする…………155
「情報・エピソード訴求」…………77
「情報・エピソード訴求」の最強キャッチコピ
　ー「２つの型」…………118
「情報・エピソード訴求」２つの型・現場で使
　える３つの超訳ヒント…………123
ジョン・ケープルズ……………2,13,34,72,249
『新　買ってはいけない10』…………168
シンキ株式会社…………110
新情報……………………76,189
新情報訴求…………………77
「新情報訴求」の最強キャッチコピー「８つの
　型」…………80
「新情報訴求」８つの型・現場で使える３つの
　超訳ヒント…………99
「新情報訴求」８つの型と主な実績…………80
「新」で始める…………85
「新東名　４月14日　15時開通」…………95
新日本海フェリー株式会社…………88
「新年のおじいちゃん、おばあちゃんへ。カモ
　ンイオン新入学」…………173

「新、百年品質。新、伊右衛門。」…………85
すぐ行動させる…………40,195
「ずっと続けていきたいです。」…………155
捨てる価値（OUT）…………53
スプリットラン・テスト…………76
「スマホ２台目　半額」…………105
成果実証済キャッチコピー…………75
「成果をあげるコピーを書くための11のガイ
　ドライン」…………47
セールスレターの盲点…………200
世界唯一の稀少価値…………30
「セコム、してますか？」…………177
セコム株式会社…………177
全国自治宝くじ事務協議会…………101
全米トップスクール37校の教科書…………30
戦略としてのコピーライティング…………1,4,6
「戦略」の不在…………10
戦略を練る…………40,45
「総額１億円プレゼント」…………103
組織変革のプロセス…………4
ソニー損害保険株式会社…………55
ソニー損保…………16,55,62,153
ソニー損保が選ばれ続ける理由…………56
ソニー損保の戦略とキャッチコピー…………58
ソニー損保のUSPフレーム…………57
その他訴求…………77
「その他訴求」10の型・現場で使える３つの超
　訳ヒント…………181
「その他訴求」10の型と主な実績…………154
「その他訴求」の最強キャッチコピー「10の
　型」…………154
ソフトバンク株式会社…………113,147,247
「空は、速い。空は、安い。〜JALで飛ぼう。」
　…………65
孫正義…………246

［た行］

ターゲット…………40,48
ターゲット×提供価値…………40,49
大河ドラマ…………166
ダイソン株式会社…………81

「ダイソンから、愛犬家のための画期的な新商品をご紹介します。」⋯⋯⋯⋯⋯⋯81
タイミング⋯⋯⋯⋯⋯⋯⋯⋯⋯⋯⋯100
「『ダイレクト・マーケティング実践講座』の開発メンバー6名募集」のセールスレター⋯⋯⋯⋯⋯⋯⋯⋯⋯⋯⋯⋯⋯212
ダイレクトマーケティング⋯⋯⋯14,33
ダイレクトマーケティングの主要点⋯⋯32
ダイレクトマーケティングの媒体⋯⋯32
ダイレクトメールの企画⋯⋯⋯⋯⋯32
宝くじ公式サイト⋯⋯⋯⋯⋯⋯⋯101
「たっすいがは、いかん！」⋯⋯⋯191
「たった2ヶ月で、このカラダ。」⋯⋯⋯178
「地球温暖化防止のために、できること。新幹線でECO出張　東海道新幹線のCO₂排出量は航空機の約10分の1。」⋯⋯⋯68
注意（Attention）⋯⋯⋯⋯⋯⋯⋯63
超訳⋯⋯⋯⋯⋯⋯⋯⋯⋯⋯⋯⋯14
超訳1枚プランシート（シートB）⋯⋯256
超訳サマライズシート（シートA）⋯⋯255
ツーステップ・マーケティング⋯⋯⋯114
「続けやすさを実感しています。」⋯⋯⋯122
強気に踏み込む⋯⋯⋯⋯⋯⋯⋯221
提供価値⋯⋯⋯⋯⋯⋯⋯⋯40,48
テスト検証の体系的理論⋯⋯⋯⋯232
テスト検証のチェックリスト⋯⋯⋯233
テスト！テスト！テスト！⋯⋯74,228
テストパターン⋯⋯⋯⋯⋯⋯⋯234
テストパターンの設計⋯⋯⋯⋯⋯235
手っ取り早く簡単な方法⋯⋯⋯⋯76
デビッド・オグルヴィ⋯⋯⋯⋯34,72
『伝説のコピーライティング実践バイブル』⋯⋯⋯⋯⋯⋯⋯⋯2,13,37,196
天と地のギャップ⋯⋯⋯⋯⋯⋯124
どう言うか（How to say）⋯⋯⋯⋯78
「どう言うか（How to say）」より、「何を言うか（What to say）」⋯⋯⋯⋯10,64
東海旅客鉄道株式会社⋯⋯⋯⋯68
動機や理由づけ⋯⋯⋯⋯⋯⋯199
「動」と「静」の「韻」⋯⋯⋯⋯⋯252
「とうとう、いよいよ」で始める⋯⋯89

「どうやって、このように、どうして」とする⋯⋯⋯⋯⋯⋯⋯⋯⋯⋯⋯⋯131
独自の売り＝USP⋯⋯⋯⋯⋯⋯52
「特定の個人やグループ」に呼びかける⋯⋯⋯⋯⋯⋯⋯⋯⋯⋯⋯⋯⋯173
得になる⋯⋯⋯⋯⋯⋯⋯⋯⋯76
「特価品」をメインにする⋯⋯⋯107
ドモホルンリンクル⋯⋯⋯⋯⋯144
「どれ、どの、（このような）」を入れる⋯⋯⋯⋯⋯⋯⋯⋯⋯⋯⋯⋯⋯136
どんぴしゃりの訴求ポイントを見つけるには？⋯⋯⋯⋯⋯⋯⋯⋯⋯⋯35

［な行］

中日本高速道路株式会社⋯⋯⋯⋯95
「なぜ彼女は若く見られるの？」⋯⋯⋯134
『なぜ、社長のベンツは4ドアなのか？』⋯⋯⋯⋯⋯⋯⋯⋯⋯⋯⋯⋯⋯133
何を言うか＝戦略⋯⋯⋯⋯⋯⋯50
何を言うか（What to say）⋯⋯10,64,78
「なんで、私が東大に。京大に。医学部に。」⋯⋯⋯⋯⋯⋯⋯⋯⋯⋯⋯⋯⋯121
日本航空株式会社⋯⋯⋯⋯⋯67
日本サプリメント株式会社⋯⋯⋯⋯⋯⋯⋯⋯⋯⋯⋯⋯122,155,175
「日本初"野菜の力"でLDLコレステロールを下げる」⋯⋯⋯⋯⋯⋯⋯⋯97
日本放送協会（NHK）⋯⋯⋯⋯165
「ニュースネタ風」にする⋯⋯⋯⋯96
ネスレ日本株式会社⋯⋯⋯⋯112
「年会費無料　24時間パソコン・スマホでカンタン申し込み！」⋯⋯⋯179
「年間で最大18,012円安くする方法」⋯⋯130
「年齢は、問題じゃない。」⋯⋯⋯182
ノウハウの習得⋯⋯⋯⋯⋯⋯236
「ノーローンなら なんどでも　1週間無利息。」⋯⋯⋯⋯⋯⋯⋯⋯⋯⋯110
残す価値（IN）⋯⋯⋯⋯⋯⋯⋯53
「のぞみへ。先に、行ってるね♡」⋯⋯⋯67

［は行］

ハーレーダビッドソン ジャパン株式会社……………………………………152
ハーレーダビッドソン ストリート750…152
「発表」で始める……………………………82
「発表のニュアンス」がある言葉を使う……83
「初夢・初福・初ハブラシ」………………164
「反撃だ。」…………………………………160
控えめに書き出す…………………………221
東日本旅客鉄道株式会社…………………94
「ピザも半額！ 寿司も半額！」…………105
「日付や年」を入れる………………………91
「ひとつお願いがあるのですが」…………202
「一肌脱いでいただけないでしょうか」………………………………………217,223
描写や説明………………………197,198
『ビリギャル』………………………………125
広い対象(全方位的)タイプ………………182
ピンポイント対象(～歳)タイプ…………185
フォレスト出版株式会社…………………133
「福山、大河、龍馬。」………………………165
福山雅治………………………………16,166
「服を変え、常識を変え、世界を変えていく同志求む」………………………………141
ブランド品…………………………………114
「フリーアナウンサー中川祐子さんは、何歳でしょうか？」…………………………158
「ぷるぷる、ピン！」………………………163
フレーズ………………………………………39
フレーム………………………………………39
ブレーンバンク株式会社…………………121
「プロ野球いよいよ開幕！ ncmは、セ・パ12球団 試合開始から終了まで生中継！」………………………………………89
ベネフィット……………………………76,100
ベネフィットを「事実と数字」で伝える………………………………………178
「他に(誰か)」を入れる……………………139
保証や証明………………………197,198
北海道旅客鉄道株式会社…………………93

ボディコピー………………………………62
ボブ・ストーン………………………2,14,30
ホワイトプラン……………………………246
「本気、だから。No.1」……………………145
「本日限り 億万長者が210人 年末ジャンボ3億円」………………………………101
本書「著者はじめに」の「6フレーム」………225

［ま行］

マーケティング・インテリジェンス………32
マーケティングスキル(ターゲット×提供価値)…………………………………………54
魔法のフレーズ………………………202,223
「マヨネーズをあきらめた人に、新発売。」………………………………………83
「マルコポーロが見たのは幻の薬鶏であった。」………………………………………97
「まるで20代のような上司…秘密は新しいセサミンでした」…………………………184
「万が一他店より1円でも高ければ値下します」………………………………………139
短い期間……………………………………124
ミスタードーナツ…………………………104
三井不動産商業マネジメント株式会社……84
「結び」の型…………………………………200
「無料提供」をメインにする………………111
「もう1個 無料プレゼント」……………179
「もしご満足いただけなければ返品できます。」………………………………………147
「求む」を入れる……………………………141
「問題：なぜ、このサイトではあなたの不動産を高く売ることが出来るのか？」………158

［や行］

「役に立つ情報」を提供する………………119
ヤフー株式会社……………………………149
ヤマハ株式会社……………………………162
やや絞った対象(～代)タイプ……………183
有限会社クリークコム……………………130
ユニリーバ・ジャパン株式会社…………146
欲望(Desire)………………………………63

四谷学院 ························121
「読み手を試す質問」をする ·············157

［ら行］

ライオン株式会社 ·····················171
ライザップ ······························180
楽天Koboスタジアム宮城··············113
楽天カード株式会社 ··················179
楽天株式会社 ··························105
「理由、なぜ」を入れる ··············133
理由の「～だから」を入れる ·········145
『龍馬伝』··························16,167
「臨時給付金をご存知ですか？」·············148

レターの必須6要素 ····················38
ロバート・コリアー ···········2,13,37,204
ロン・ジェイコブス ············2,14,30

［わ行］

ワールプール社···························5
「話題の新作、すべて超特価!!　誕生感謝祭」
························108
「私がピアノの前に座るとみんなが笑いまし
た。でも弾き始めると――！」···········250
『私はどうして販売外交に成功したか』····131
「割引価格」をメインにする ····················105

〈業界別・国内広告事例〉

【保険】

ソニー損害保険株式会社(P55、62、153)、アメリカンホーム医療・損害保険株式会社(P59)、アメリカンファミリー生命保険会社(P137～138)

【運輸】

日本航空株式会社(P67)、東海旅客鉄道株式会社(P68)、新日本海フェリー株式会社(P88)、北海道旅客鉄道株式会社(P93)、東日本旅客鉄道株式会社(P94)、首都高速道路株式会社(P94)、中日本高速道路株式会社(P95)、九州旅客鉄道株式会社(P95)

【旅行】

株式会社ジャルパック(P69)

【通信】

KDDI株式会社(P82)、Y!mobile(ソフトバンク株式会社、P105)、エヌ・ティ・ティ・コミュニケーションズ株式会社(P109)、ソフトバンク株式会社(P113、147、164、247)、株式会社NTTドコモ(P144、174)、ヤフー株式会社(P149)

【食品・飲料】

キユーピー株式会社(P83)、サントリー食品インターナショナル株式会社(P85)、サッポロビール株式会社(P87)、カゴメ株式会社(P91～92)、株式会社伊藤園(P96)、ミスタードーナツ(株式会社ダスキン、P104)、ネスレ日本株式会社(P112)、麒麟麦酒株式会社(P192～193)

【不動産】

三井不動産商業マネジメント株式会社(P84)

【家電】

ダイソン株式会社(P81)、株式会社フィリップス エレクトロニクス ジャパン(P171)

【家庭用品】

サンスター株式会社(P97、156、164)、ユニリーバ・ジャパン株式会社(P146)、ライオン株式会社(P171)

【家具・インテリア】

株式会社大塚家具(P116)

【小売・流通】

楽天株式会社(P105)、株式会社イエローハット(P107)、株式会社ファーストリテイリング(P108、141)、イオン株式会社(P111、173)、株式会社ノジマ(P139)

【金融】

イオンフィナンシャルサービス株式会社(P103)、シンキ株式会社(P110)、楽天カード株式会社(P179)

【エンターテインメント】

株式会社楽天野球団(P112)

【法律】

司法書士法人 新宿事務所(P119～120)

【教育】

四谷学院(ブレーンバンク株式会社、P121)、株式会社ALMACREATIONS(P213～216)

【出版】

株式会社KADOKAWA(P124)、株式会社大和書房(P129)、株式会社ダイヤモンド社(P131)、フォレスト出版株式会社(P133)、株式会社金曜日(P168)

【放送】

株式会社長崎ケーブルメディア(P89)、 日本放送協会(P165)

【ヘルスケア・化粧品】

株式会社元気堂本舗(P97)、日本サプリメント株式会社(P122、155、175)、健康スタイル(有限会社クリークコム、P130)、株式会社アイム(P136)、株式会社山田養蜂場(P134、166)、株式会社再春館製薬所(P143)、サントリーウエルネス株式会社(P158、182～186)、株式会社富士フイルム ヘルスケア ラボラトリー(P163)、株式会社資生堂(P170)、株式会社ティーエージェント(P174)、MSD株式会社(P176)、健康コーポレーション株式会社(P178)、キューサイ株式会社(P179)

【製薬】

救心製薬株式会社(P134)

【自動車・バイク販売】

株式会社ビッグモーター (P139)、アウディジャパン販売(P220)、ハーレーダビッドソン ジャパン株式会社(P152)

【人材情報】

株式会社マイナビ(P145)

【行政・公益法人】

全国自治宝くじ事務協議会・宝くじ公式サイト(P101)、厚生労働省(P148)、公益財団法人日本ユニセフ協会(P157)

【インターネット・ソフトウェア】

株式会社Q(P158)

【ゴルフ】

株式会社リョーマゴルフ(P160)、ヤマハ株式会社(P162)

【警備】

セコム株式会社(P177)

[監修者・解説者]

神田昌典 (Masanori Kanda)

経営コンサルタント。株式会社ALMACREATIONS代表取締役。

日本最大級の読書会「リード・フォー・アクション」発起人。

上智大学外国語学部卒。ニューヨーク大学経済学修士、ペンシルバニア大学ウォートンスクール経営学修士。

外務省経済局、そしてイノベーション企業として名高い米国ワールプール社の日本支社長を務めた後、1998年、経営コンサルタントとして独立。

コンサルティング業界を革新した顧客獲得実践会を創設（現在「次世代ビジネス実践会」）。

『GQ JAPAN』(2007年11月号) では、「日本のトップマーケター」に選出。2012年、アマゾン年間ビジネス書売上ランキング第1位。

現在、教育分野においても精力的に活動し、特定非営利活動法人KNOWS、公益財団法人・日本生涯学習協議会の理事を務める。

著書に、『稼ぐ言葉の法則』『ストーリー思考』『全脳思考』『60分間・企業ダントツ化プロジェクト』『あなたの会社が90日で儲かる！』『非常識な成功法則【新装版】』『口コミ伝染病』『成功者の告白』『2022——これから10年、活躍できる人の条件』『不変のマーケティング』『禁断のセールスコピーライティング』、監訳書に、『ザ・コピーライティング』『伝説のコピーライティング実践バイブル』『ザ・マーケティング【基本篇】』『ザ・マーケティング【実践篇】』などベスト＆ロングセラー多数。

[著者]

横田伊佐男 (Isao Yokota)

CRMダイレクト株式会社代表取締役。

シティグループ、ベネッセグループにて、一貫してマーケティングに従事。ダイレクトマーケティング、データベースマーケティング、コンサルティング部門の責任者を歴任。

約6000商品のプロモーション経験、大手企業100社超のコンサルティング経験を体系化し、2008年に独立。

人が動く戦略は「紙1枚」にまとまっているという法則を発見し、「ポケットに入る戦略」こそが、行動から成果につながる戦略であることを突き止める。

「使えなきゃ意味がない」を信条に、使えて成果につながる戦略立案を徹底的にたたき込む日本唯一のプロフェッショナル・マーケティングコーチ。

企業や受講者の課題点をすばやく摘出し、短時間で確実な成果へと引き上げる「超訳力」を駆使したマーケティング研修講座は、上場企業ホールディングス、政府系金融機関、欧州トップの外資系金融企業、意欲ある中小企業経営者等からの依頼が絶えず、これまでの受講者はのべ2万人を数える。

神田昌典氏主催「マーケティング白熱会議」では、ゲストスピーカーとして、読破まで数か月を要する2000ページに及ぶ大著を60分で「超訳」講義。

受講者には、赤字会社を1年で黒字化する経営者、他を圧倒し昇格するビジネスパーソンが続出するなど、成果から逆算した育成プログラムを提供中。

ダイレクトマーケティングフェア、CRMカンファレンスなど講演多数。

著書に、『一流の人はなぜ、A3ノートを使うのか？』(学研パブリッシング)、『ケースブック価値共創とマーケティング論』(分担執筆、同文舘出版) がある。

横浜国立大学大学院博士課程前期経営学（MBA）修了。横浜国立大学成長戦略研究センター研究員。

【CRMダイレクト株式会社HP】
http://www.crm-direct.com/

【読者限定特典】期間限定！ ご購入読者限定！ ３大特典！
・特典①：本書で紹介のテンプレートを無料ダウンロード
・特典②：本書未公開の舞台裏ニュース配信
・特典③：優先セミナーやイベントのご案内

【入手方法】Facebookページを いいね するだけ！
CRMダイレクトFacebook：www.facebook.com/crmnews
※期間限定のご案内なので、提供を終了することがあります。

最強のコピーライティングバイブル
──伝説の名著3部作が1冊に凝縮！ 国内成功100事例付き

2016年4月14日　第1刷発行
2017年9月11日　第5刷発行

監修者・解説者───神田昌典
著　者───────横田伊佐男
発行所──────ダイヤモンド社
　　　　　　　　〒150-8409　東京都渋谷区神宮前6-12-17
　　　　　　　　http://www.diamond.co.jp/
　　　　　　　　電話／03·5778·7234（編集）　03·5778·7240（販売）
装丁・本文デザイン───廣田清子（Office Sun Ra）
本文DTP・製作進行───ダイヤモンド・グラフィック社
印刷──────────勇進印刷（本文）・加藤文明社（カバー）
製本──────────ブックアート
編集担当─────────寺田庸二

©2016 Masanori Kanda & Isao Yokota
ISBN 978-4-478-02882-7
落丁・乱丁本はお手数ですが小社営業局宛にお送りください。送料小社負担にてお取替えいたします。但し、古書店で購入されたものについてはお取替えできません。
無断転載・複製を禁ず
Printed in Japan

◆ダイヤモンド社の本◆

「日本一のマーケッター」が待望の「売れる公式41」を初公開！

20年のコンサル実績！ あなたは【貧す人】vs【稼ぐ人】どっち？
たった一語で、天国と地獄！

稼ぐ言葉の法則
「新・PASONAの法則」と売れる公式41
神田昌典 [著]

●四六判並製●定価(本体1500円＋税)

http://www.diamond.co.jp/

◆ダイヤモンド社の本◆

競争戦略から、需要を創出する成長戦略へ

画期的アイディアが溢れ出す20のチャート！

60分間・企業ダントツ化プロジェクト
顧客感情をベースにした戦略構築法
神田昌典 ［著］

●四六判上製●定価（本体1600円＋税）

http://www.diamond.co.jp/

◆ダイヤモンド社の本◆

若き神田昌典が8万円をはたいて むさぼり読んだ伝説の書!

『ザ・コピーライティング』が理論篇とすれば、本書が実践篇! 70年以上読み継がれている、"黄金のクラシックシリーズ"で、"効果実証済"の成功事例が体感できる!

伝説のコピーライティング実践バイブル
史上最も売れる言葉を生み出した男の成功事例269

ロバート・コリアー ［著］ 神田昌典 ［監修］ 齋藤慎子 ［訳］

●A5判並製●定価（本体4800円＋税）

http://www.diamond.co.jp/

◆ダイヤモンド社の本◆

「マーケティングは、もはやすべてダイレクトマーケティングになった」──神田昌典

世界中で40年近く読み継がれている珠玉のバイブル！ ノースウェスタン大学など全米トップスクール37校の教科書！『ザ・コピーライティング』『伝説のコピーライティング実践バイブル』に続くダイレクトマーケティング3部作の完結篇！

ザ・マーケティング【基本篇】&【実践篇】
激変する環境で通用する唯一の教科書

ボブ・ストーン＋ロン・ジェイコブス［著］　神田昌典［監訳］　齋藤慎子［訳］

●各A5判並製●各定価(本体3800円＋税)

http://www.diamond.co.jp/

◆ダイヤモンド社の本◆

"広告の父"オグルヴィも学んだベストセラー

76年読み継がれてきた伝説のバイブル!

ザ・コピーライティング
心の琴線にふれる言葉の法則

ジョン・ケープルズ［著］

神田昌典［監訳］、齋藤慎子＋依田卓巳［訳］

● A5判並製 ●定価（本体3200円＋税）

http://www.diamond.co.jp/